——中国13家涉农企业科技创新之路

农业部科技教育司　编

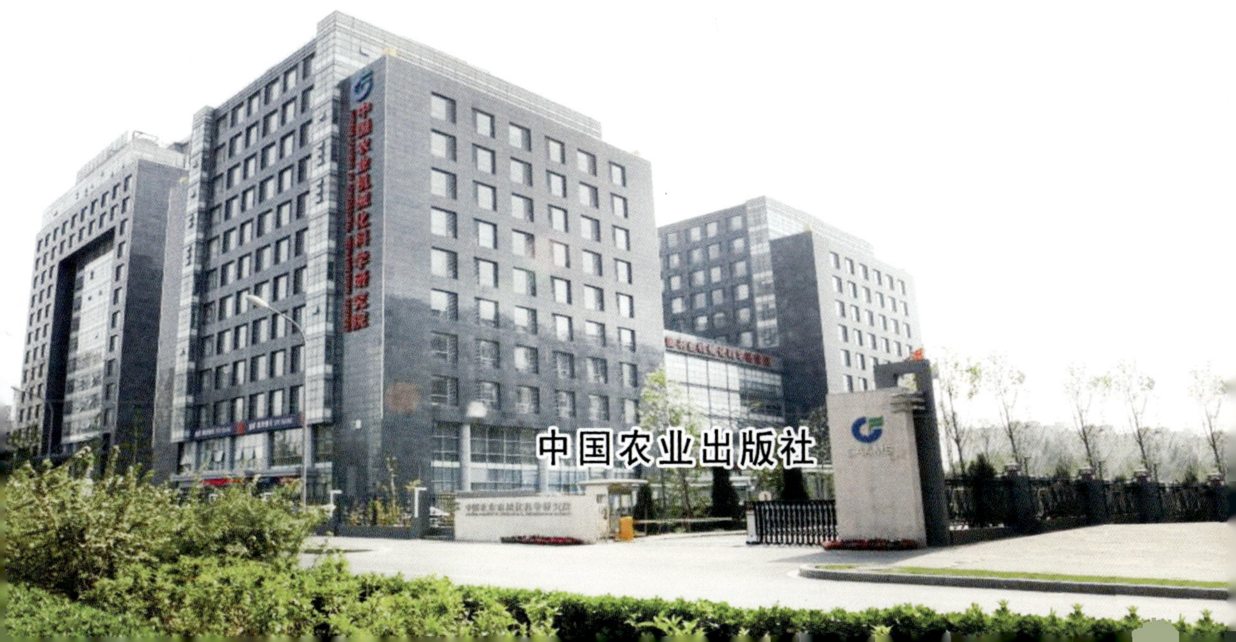

中国农业出版社

图书在版编目（CIP）数据

科技助企业腾飞：中国13家涉农企业科技创新之路/农业部科技教育司编.—北京：中国农业出版社，2014.4

ISBN 978-7-109-18998-0

Ⅰ.①科… Ⅱ.①农… Ⅲ.①农业企业-企业创新-研究-中国 Ⅳ.①F324

中国版本图书馆CIP数据核字（2014）第051467号

中国农业出版社出版

（北京市朝阳区农展馆北路2号）

（邮政编码 100125）

责任编辑 黄向阳

北京中科印刷有限公司印刷 新华书店北京发行所发行

2014年4月第1版 2014年4月北京第1次印刷

开本：700mm×1000mm 1/16 印张：10.25

字数：175千字

定价：58.00元

（凡本版图书出现印刷、装订错误，请向出版社发行部调换）

编 写 人 员

主　　编：唐　珂

执行主编：窦鹏辉

参　　编：付长亮　李寅秋

前言

《世界是平的》(《The World Is Flat》)一书作者托马斯·弗里德曼(Thomas L. Friedman)曾抛出一个问题:“中国企业创新的因素到底有多大比例?有没有5%?”由此引出对中国企业创新能力的质疑也延续至今——中国人到底会不会创新?中国企业能不能创新?

曾几何时,中国企业创新能力不足似乎已经为世人公认。世界知识产权组织发布的《2013年全球创新指数报告》对全球142个主要经济体进行了创新指数排名,其中瑞士、瑞典、英国、荷兰和美国分列前5位,而中国排名仅为35位,比2012年还下降1位。究其原因,无非企业自身与外部环境两个方面。从企业自身方面看,主要表现为企业创新缺乏内在动力,研发投入不足。目前我国企业技术创新还处于较低层次,真正意义上的自主研究开发活动仅仅在少数龙头企业和高技术企业中有所开展。据统计,2011年,我国规模以上工

业企业研发（R&D）经费支出为5 994亿元，仅占主营业务收入的0.71%。其中，大中型工业企业R&D经费支出为5 031亿元，占主营业务收入的比例仅为0.93%，而主要发达国家这一比例为2.5%至4%。科技型小企业普遍融资困难，发展受到很大制约，大多数选择以局部开发、外观调整为主，而核心技术完全依赖引进，没有意识到自主创新是企业生命线，仅依靠低水平技术创新维持企业生存，缺乏内在动力，研发投入不足。没有内在的动力就不可能有真正的技术创新能力。在企业创新外部环境方面还存在诸多不利因素，包括促进企业自主创新的政策体系很不完善、国家科技经费投入结构不合理、社会创新服务体系支撑能力不足、科技成果商品化和产业化价值不明显等。更重要的是，在资源环境条件约束趋紧、农产品有效供给形势严峻、粮食安全保障压力不断加大的今天，创新能力不足导致的农业科技进步贡献率偏低等问题，对我国农业带来的挑战更为严峻。

近年来，我国政府越来越重视科技创新，连续下发多个文件促进企业科技创新。2012年7月，全国科技创新大会深刻分析了我国科技工作面临的新形势、新任务，明确进一步深化科技体制改革，着力强化企业技术创新主体地位，提高科研院所和高等学校服务经济社会发展能力，推动创新体系协调发展，强化科技资源开放共享，深化科技管理体制改革。同年9月，中共中央、国务院印发《关于深化科技体制改革加快国家创新体系建设的意见》（中发［2012］6号），要求“确立企业在技术创新中的主体地位，企业研发投入明显提高，创新能力普遍增强，到2020年，全社会研发经费占国内生产总值2.2%，大中型工业企业平均研发投入占主营业务收入比例提高到1.5%”。2013年3月，国务院办公厅印发《关于强化企业技术创新主体地位全面提升企业创新能力的意见》（国办发［2013］8号），提出到2015年要基本形成以企业为主体、市场为导向、产学研相结合的技术创新体系，培育发展一大批创新型企业，企业研发投入明显提高，大中型工业企业平均研发投入占主营业务收入比例提高到1.5%。

农业为强国之基、立国之本。2012年中央1号文件指出，要明确农业科技创新方向、突出农业科技创新重点、完善农业科技创新机制、改善农业科技创新条件，最终依靠科技创新驱动，引领支撑现代农业建设；党的十八大三中全会报告也提出，要建立健全鼓励原始创新、集成创新、引进消化吸收再创新的体制机制，健全技术创新市场导向机制。近年来，随着政策、资金支持力度的不断加大，我国农业企业发展迅速，企业创新能力不断增强，逐步成为农业生产经营活动的重要力量。据统计，2012年，全国农业产业化龙头企业（含国家级、省级以及中小型龙头企业）11.83万家，拥有农业科技研发和推广人员82.15万人。在这些龙头企业中，有1.54万家龙头企业建立了专门的研发中心，有8 729家龙头企业获得省级以上科技奖励或荣誉。其中，1 247家农业产业化国家重点龙头企业中，87%建立了专门的研发机构，67%获得省级以上科技奖励或荣誉。2012年，各类龙头企业科研总投入533.45亿元，增长19.62%。但从总体上看，我国企业开展农业科技创新能力依然较弱，科技资源和人才储备不足，农业新技术、新产品研发能力不强，与成为农业技术创新主体的目标要求还有不小差距。如何让企业负责人正确认识科技在企业创新中的作用，提升企业创新的内生动力，加大科技创新投入，进而提高企业农业科技创新能力，是新形势下为农业插上科技翅膀的关键。为促进企业开展农业科技创新，切实提升企业自主创新能力，2013年1月，农业部印发《关于促进企业开展农业科技创新的意见》（农科教发［2013］2号），从提升企业在农业科技创新中的地位，支持企业建立高水平研发机构、推动涉农企业与科研单位开展协同创新和产业化协作、引导院企共建研发基地和创新团队、鼓励企业参与和主持各类农业科技项目等方面提出了具体的政策措施。

近年来，我国涉农企业中涌现出一批依靠科技创新提升产品国际国内竞争力、企业创新能力和发展潜力的企业。为了深入总结其开展企业科技创新的成功经验，推广他们的特色举措，提升他们的企业形象，引导和激励广大涉农企业重视并开展科技创新，我们在种业、生物技术、植物营养、植物保护、动物养殖、农机化、渔业、兽医、农业信息技术等9个领域选取了13家科技领先型涉农企业，从企业负责人对科技创新的认识与贡献、企业研发方面的创业创新过程、企业在研发体制机制方面创新的经验教训、企业研发机构设置情况、企业与国内外科研（教学）单位合作情况、企业研发团队建设情况、企业承担各级各类科技项目及项目成果转化情况、企业面向社会和农民开展技术服务情况、企业科技经费投入及使用情况、企业的发展规划和愿景等方面，以纪实的形式全面反映了企业创业创新的全过程，希望这些典型案例能够激发广大涉农企业家总结成功经验、发现创新关键、获得创业灵感、激发自主创新热情，实现企业新的发展和新的跨越，共同谱写创新驱动农业科技发展的新篇章。

目 录

• 中种集团

自主创新，打造中国种业航母

以科技为支撑，夯实实力促发展

中国种子集团有限公司（以下简称“中种集团”）是1978年经国务院批准在原农林部种子局基础上成立的我国第一家种子企业，经过30余年的发展，现已成为集科研、生产、加工、营销、技术服务于一体的产业链完整的大型种业集团，是国家八部委联合认定的农业产业化龙头企业，1994年起成为亚太地区种子协会（APSA）正式会员。2007年，经国务院批准，中种集团并入中国中化集团公司（以下简称“中化集团”）成为其全资子公司。2011年，中种集团先后荣获了大公国际企业信誉评级AAAc级和中国种子协会行业信用评级AAA级资质。2012年，中种集团被农业部核准为全国首批育繁推一体化种业企业。2013年，中种集团注册资本达到9.44亿元，在国内种业企业中稳居第一。

中种集团作为我国唯一一家以农作物种子为主营业务的中央企业，业务领域涵盖水稻、玉米、小麦、蔬菜和油料等主要农作物。

近年来，中种集团不断加大科研投入，于2010年在武汉启动建设“中国种子生命科学技术中心”，定位于服务中国种业、具有世界先进水平的农作物生物技术和新品种研发基地。目前已组建包

图 1　领导重视：汪洋副总理视察集团科技中心听取研发汇报

括中科院院士和“千人计划”海外专家在内的 200 余人研发团队，已基本构建国内最先进的生物育种平台和商业化育种研发管理模式。2012 年该科技中心已与合作伙伴共同设计制作出全球首张水稻全基因组育种芯片，可以极大缩短育种周期，提高培育优良品种的效率和可靠性，被《光明日报》评为 2012 年十大科技瞬间之一。此外，中种集团还承担了多项国家科技项目，并与中国农科院、中国农业大学等 50 余家科研教学单位共同发起设立了“农作物种业产业技术创新战略联盟”，实现了“产、学、研、用”的战略性、深层次结合。

中种集团拥有近 65 万亩（含参控股企业）稳定的种子生产基地，形成东北基地、西北基地、西南基地、黄淮基地、长江中下游基地和华南基地的整体布局，构建 15 个大型种子加工中心，生产加工能力不断提升。中种集团建立了 25 家省级营销服务机构，营销网络覆盖全国各主要农业区域，并与各级农业技术推广服务部门合作为农户提供全程服务。

中种集团通过市场化方式搭建区域产业平台，实施产业并购战略，至 2013 年已投资重组水稻、小麦等领域种子企业 13 家，有效促进了种业资源的整合集中。

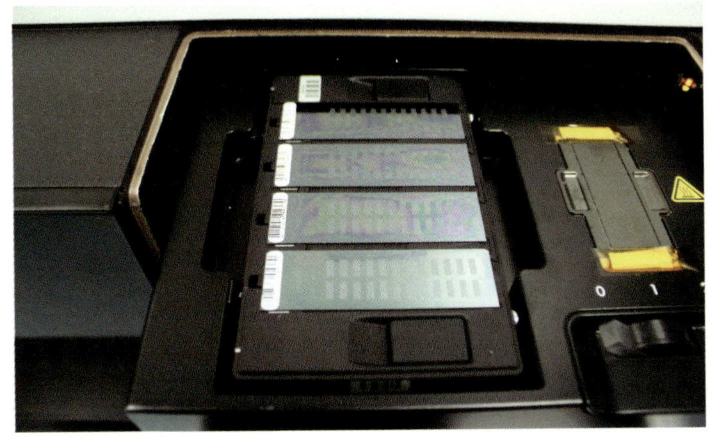

图 2　创新成果：全球第一张水稻全基因组育种芯片

依托国家战略，向世界一流种业企业迈进

纵观国际国内农业发展历程，良种是实现农业增产增效最关键、最直接的因素，种业安全是确保农业生产和粮食安全最重要、最基本的前提。因此，中种集团作为我国唯一一家以农作物种子为主营业务的“育繁推一体化”中央企业，从维护国家种业安全和粮食安全出发，最早呼吁国家实施种业振兴规划，并积极参与系列“种业新政”的研究制订，为行业发展建言献策。同时，通过对发达国家农业、种业的战略分析，我们得出的深刻认识是：企业强则国家种业强、种业强则国家农业强。由此公司提出，要以整合国内种业资源为手段，以建设国家级种业公司为载体，加快提升我国种业的综合国际竞争力，满足国内主要农产品供给和国家粮食安全的迫切需要，同时有效应对日益严峻的发达国家种业、农业竞争压力。

依据上述判断，中种集团确立的发展目标是：打造世界一流的育繁推一体化综合竞争实力，并率先进入全球种业前十强。围绕这一目标，中种集团将在国家种业发展规划和中化集团农业发展战略的指引下，抢抓机遇、内合外联、夯实基础、协调发展，做大、做强种子业务，积极推动国家种业升级，为保障我国粮食安全和促进现代农业发展发挥国家队和主力军的作用。为此，公司将继续聚焦水稻、玉米、小麦、蔬菜、油料五大类粮食经济作物，打造高水平的科研育种平台、制种加工平台、供种服务平台和集团化运营管控平台，争取用五年左右时间，销售收入进入种业前十，为国家农业生产与粮食安全发挥重要作用；到 2020 年形成国内领先、国际一流的技术与品种优势、产品与质量优势、营销与服务优势、管理与内控优势，成为世界一流的育繁推一体化种业企业。

打造高端平台，加快培育自主创新成果

由于历史和科研体制原因，育种研发一直是我国种子企业包括中种集团的薄弱环节，对此公司一直有着清醒认识并着力改变这种状况。集团总经理张学工在不同场合多次强调，没有研发就没有中种集团的未来，而打造高水平的科研育种基地、形成一流的技术与品种优势，是实现公司“中国第一、世界一流”愿景的重中之重。为此，中种在母公司中化集团的支持下，立项总投资 50.6 亿元启动建设中国种子生命科学技术中心（简称科技中心）。通过 3 年多来的艰苦努力，科技中心育种体系建设取得显著成效，并实现了我国种子企业在分子育种技术方面的历史性突破，为加快品种创新和育种技术进步夯实了基础。主要做法包括：

一是高起点规划，大投入建设。科技中心总体规划包括建设 3 个分中心、14 个全功能育种基地以及覆盖广泛的筛选测试网络。其中，先期建设的武汉分中心重点开展分子育种、转基因育种，以及利用分子技术整合常规育种等工作，地址位于湖北省武汉市国家

生物产业园，下设转基因育种部、基因组育种部、集成技术育种部、产品测评部、运营管理部以及作物品质与化学分析实验室。至2013年，科技中心已经建成1.5万平方米综合实验楼、2 300平方米全天候智能玻璃温室，购置包含测序仪、基因分型仪等先进生物技术仪器设备1 641台（套）；建成覆盖国内主要稻区的水稻育种实验基地7个，涵盖杂交小麦和常规小麦的育种试验基地2个，玉米全功能、机械化的育种试验基地8个；形成由118个点组成的水稻品种筛选测试测评网络，玉米品种筛选网络点达到360个。

图3　平台建设：中国种子生命科学技术中心（武汉）建筑鸟瞰图

二是筑巢引凤，汇聚海内外行业专家。以振兴民族种业为旗帜、以一流工作平台为条件，科技中心迅速汇聚了一大批海内外高技术、高素质人才，研发团队目前已超过200人。其中，核心团队中包括中科院院士1名、国家“千人计划”1名、武汉市“3551人才计划”2名，多人有在孟山都、先正达等国际种业公司工作经历；研究团队中包括博士35人、硕士87人。

三是借鉴十创新，打造商业化育种体系。借鉴国际先进种业公司成功经验，中种集团计划构建“以高起点自主研发为核心，以区域品种选育战略合作和产学研联盟项目攻关为依托，常规育种与分子技术紧密结合，覆盖技术研究、材料创制、组合测配、筛选测试各环节，充分整合协调内外部研发资源的商业化育种体系”，其有别于国内科研单位“课题组式育种”的特点，可以概括为“市场化、高技术、大通量、流水线”。以市场需求为导向，并追求投入产出效益，通过分工协作大幅提升组合测配和筛选规模，从而把选育突破性品种从偶然变为必然。通过导入分段激励和互相制衡机制，保障研发成果为公司所有，解决公司发展过分依赖专家个人问题。依托中化集团体系化管理的成熟经验，已在科技中心建立分段式作业管理流程，以及由投入产出科技价值管理、项目制过程管理、知识产权管理、种质资源管理、信息化管理五大体系组成的管理模型，目前正在有序运转。

四是全方位协作，提升优秀品种选育能力。《国务院关于加快推进现代农作物种业发展的意见》明确提出，支持科研院所和高等院校的种质资源、科研人才等要素向种子企业流动，逐步形成以企业为主体、市场为导向、资本为纽带的利益共享、风险共担的农作物种业科技创新模式。针对我国种业科研各自为战、资源分散、形不成合力的现状，中种集团与多家科研院所、高校等形成了紧密的协作创新同盟。首先，与中国农科院、中国水稻所、中国农大、丰乐种业公司、北京先农投资管理有限公司（现代种业发展基金）等50余家产学研单位共同发起设立了“农作物种业产业技术创新战略联盟”，以承担国家科技支撑计划重点项目“作物种业科技工程”、“主要农作物商业化育种技术研究与模式示范”为载体，围绕我国现代农业生产重大需求开展联合攻关，截至目前进展良好。其次，先后与华中农大、中国农大、四川省农科院、广东省农科院、岳阳农科所、北京农林科学院、湖北恩施农科院等单位建立战略合作伙伴关系，将中种集团的产业优势与科研单位的科技优势有机结合，既加快科技成果产业化的进程，也提升了反哺科研力度和科企育种合作的深度。再次，启动了以吸引育种家加盟的“梧桐计划”和引进优秀资源材料的“三江源计划”，有力地推动了常规育种科研资源向企业流动，并与科技中心生物育种高技术相结合，加速

“环境友好、资源节约型”玉米、水稻及其他主要农作物新品种的选育进程。最后，以水稻全基因组育种芯片技术为载体，与国内优势的水稻育种科研单位开展密切科研合作，提供包括材料特定性状改良、杂种优势预测和品种真实性鉴定在内高技术服务，芯片技术应用效果受到了合作单位的一致认可。此外，公司就引进国际优秀种质资源和育种技术加快了国际合作步伐，目前已在引进美国孟山都公司全球玉米种质资源和育种技术方面已取得实质性进展。

图 4　协同创新：组建种业产业技术创新战略联盟联合攻关

持续积累完善，提升育种创新国际竞争力

2011—2013 年，中种集团投入科技中心建设及运营的资金累计超过 5 亿元，年均研发投入占销售收入比例超过 13%。截至目前，中种集团在育种科研方面所取得的主要成果包括：

一是联合国内科研院所，利用生物信息技术和基因组研究成果，从海量的水稻基因组序列中，提取出有价值的 400 多万条分子标记信息，从中精选出高质量且具有代表性的SNP标记，研制成功全球首张具自主知识产权的水稻全基因组育种芯片，便于快速鉴定、筛选最理想的功能基因组合，有目的地实现多基因聚合叠加，缩短育种周期，提高培育优良品种的可靠性。

二是以培育抗虫、抗除草剂转基因新品种为主，同时对品种进行性状改良，已建成高效的水稻（粳稻）转化体系，并初步建成玉米和棉花转化体系，在用基因超过10个。

三是中种集团及其附属企业共计拥有自主选育和审定并推广应用的品种92个，涵盖水稻、玉米、小麦、番茄、西葫芦等作物。并已建立了水稻群体育种体系，形成了杂交稻组合批量生产能力。玉米通过单倍体诱导系已经诱导出一批自交系，进入测评体系组合上百份。

四是中种科技中心已申报获批农业部玉米、水稻作物育种重点实验室资质，也是中央人才工作协调小组认定的“海外高层次人才创新创业基地”、人社部“博士后科研工作站”依托单位，先后获批国家发改委、财政部、农业部共同立项的“生物育种能力建设与产业化专项”、属于国家863计划的《水稻全基因组选择育种技术》、《全基因组选择技术平台构建》项目、属于国家科技支撑计划的《水稻生物技术商业化育种技术研究与示范》、人社部专业技术人才知识更新工程项目的生物育种高级研修班等一批重点项目，充分发挥了在种业企业中的引领示范作用。

中种集团自主创新工作取得了重大进展和成效，主要因素在于“一套体系、一班人马、一种理念”。探索建立一套商业化育种体系，解决“应该怎么干”的问题，吸纳一班国际化生物育种人才和本土化常规育种人才，解决“由谁来干”的问题，通过坚持市场化以及严谨务实的科研管理理念，用来黏合“人”与“体系”的关系，解决自主创新“怎样干好”的问题。当然，育种科研规律决定了企业自主创新是一个漫长的过程，不可能一帆风顺、一蹴而就。因此，为了进一步提升科技创新能力，中种集团充分准备、坚定决心、坚持不断完善育种体系、创新科研管理机制、有效调动科研人员积极性、尽快形成突破性品种和技术持续产出能力。面对日益增加的国内主要农产品供给和国家粮食安全的需求，面对日益严峻的种业、农业国际竞争，中种集团将继续艰苦创业、执着创新，集团计划利用五年时间，集中在水稻、玉米、小麦三大主粮作物和蔬菜领域，加快选育推广一批绿色、超级的突破性新品种，不仅追求高产，而且要强化满足当前农业生产所需的优质、多抗、广适等资源节约、环境友好型绿色性状，并重点适应机械化生产与设施化栽培，为我国加快实现农作物品种更新换代做出重要贡献。

图 5　培养人才：承办人社部专业技术人才知识更新工程研修班

农业科技创新造就“中国种业第一股”

科技兴农，用创新成果推动现代种业发展

合肥丰乐种业股份有限公司（以下简称“丰乐种业”）是由合肥市种子公司独家发起募集设立的国内种业第一家上市公司，于1997年4月16日上市，被誉为“中国种业第一股”，公司注册资本2.99亿元，净资产12.04亿元，是以种业为主导，育繁推一体化，跨地区、跨行业的综合性公司，综合实力与规模居中国种子行业前列。

公司为首批农业部颁证育繁推一体化种子企业、中国种业信用明星企业、首批农业产业化国家重点龙头企业、高新技术企业、ISO9001国际质量和环境体系认证企业。“丰乐”牌商标为中国驰名商标，丰乐玉米种子、水稻种子为中国名牌产品。江泽民、温家宝等曾亲临丰乐种业视察，江泽民同志还亲笔为丰乐种业题词：“大力培育推广优良品种，为振兴我国农业作出贡献”。

公司主营农作物种子、农产品和相关产品的进出口贸易，拥有各类良种及农产品生产基地2万公顷，遍及国内主要典型农业生态区；每年向社会提供水稻、玉米、小麦、棉花、油菜、芝麻、西甜瓜、蔬菜等几十个种类500多个优良品种及农化产品、香料产品、农副产品数十万吨；种子和农副产品深加工业务遍及欧、美、东南亚等几十个国家和地区，在国内同行中率先向国际市场打出了中国种子品牌，在国际上享有一定的声誉。

图 1　丰乐种业公司大厦

公司坚持科技兴企、走自主创新之路，大力强化研发基地建设，升级研发平台和技术水平，提升企业研发能力，加快新技术、新产品产业化和成果转化，推动企业快速发展。公司科研投入逐年增长，实现了有效的产出，研发出了一大批新品种、新技术，提升了产业发展水平和公司行业位势。公司拥有“两系杂交水稻安全生产控制技术体系”等数十项核心自主知识产权技术。2011 年以来，公司先后通过审定的自主选育农作物品种 41 个，其中国审品种 5 个。公司先后承担国家、省、市各级科研项目 20 多项，获得了 10 多项国家和省部级科技成果奖励。“丰乐”牌良种深受广大农民追捧，推广面积及产品销量飞快增长，创造了可喜的经济效益和社会效益，促进了农业增产和农民增收，为保障国家农产品供给做出了积极贡献。

“以技术谋发展”，科技创新铸就丰乐今日辉煌

科研创新——丰乐种业发展的动力源泉

公司科研创新贯穿于公司发展壮大的整个过程，公司在国内种子同行中开辟了第一家企业办科研的先河。早在1987年就成立了“试验站”，开始了农作物新品种的引种试验，1993年公司成立了“合肥市种苗研究所”，开展农作物品种的改良与选育工作，1997年公司上市后，整合了合肥市农业科学研究所，在原“丰乐现代农业研究所”的基础上，于1998年成立了“丰乐种业农科院”，开展农作物新品种自主选育与合作选育研究。

1999年成立了“丰乐种业博士后科研工作站”，属国内农业第一家博士后科研工作站，博士科研工作站的建立，开辟了新的人才引用渠道，聚合了科研人才和技术，为丰乐科研发展注入了新的活力。公司还在国内同行中率先组建了作物育种分子实验室、种子检测新技术应用研究实验室和省级种子质量检测实验室。

2009年公司科研机构——企业技术中心被国家发改委、科技部等五部委认定为国家企业技术中心。研发平台的逐步提升使自主创新能力不断强化，成为推动企业发展源源不断的动力。立足研发为企业发展打基础，在科研上不断创新举措，使公司始终走在行业的前面，技术及研发团队力量在行业内处于领先水平。

近年来，公司通过科技创新，不断推陈出新，研发出了一大批新品种、新技术，形成了企业的核心竞争力，创造了可喜的经济效益和社会效益，推动了企业发展和行业进步。丰乐“两系”杂交水稻种子年产销量国内领先，拥有2个自主知识产权的农业部确认两系超级稻新品种，是国内最大的“两系”杂交水稻种子专业公司，引领了我国杂交水稻优质化进程。丰乐杂交玉米种子位居我国玉米种子年产销量前列。丰乐西甜瓜种子产销量国内市场占有率位居第一位，是亚洲最大的西瓜甜瓜种子专业公司。

公司先后承担国家、省、市各级科研项目近20多项，目前正在承担或参与的国家级项目6项，获得了数十项各类科技成果奖。起草和参与制定国家标准3项，授权发明专利3项，获得植物新品种权保护品种17个，自主选育各类农作物新品种200多个。其中水稻国审品种9个，玉米省审品种10个，棉花省审品种4个，油菜国审品种1个。两系杂交水稻品种“丰两优一号”连续6年是农业部主推品种，现已成为全国推广面积最大的两系杂交水稻品种之一。“丰两优四号”和“丰两优香一号”通过国审并被农业部确认为超级稻示范品种，分别是国家区试对照品种和湖北省区试对照品种。杂交玉米品种浚单20已成为全国推广面积最大品种之一。

科技创新推动公司业绩稳定增长，2011年公司实现销售收入16.19亿元，净利润5 476万元，2012年公司实现销售收入18.43亿元，净利润6 840万元。总资产18.44亿元，净资产12.04亿元，资产负债率34.7%，资产状况良好，行业信用等级AAA级，呈现出良好的成长性。

机构创新——公司快速成长的平台支撑

丰乐种业农科院下设水稻研究所、玉米研究所、小麦研究所、经济作物研究所、瓜菜研究所、西南农科所、分子实验室等。同时公司承建了多个公共研发平台，建立了省、市两级两系杂交稻工程技术研究中心，省、市两级西瓜甜瓜工程技术研究中心，与安徽农业大学共建安徽省玉米工程技术研究中心和安徽省生物育种重点实验室等研发机构。同时，丰乐种业拥有农业首批博士后科研工作站、国家级企业技术中心和2个省级企业技术中心，承担和带动中心的科技攻关和团队建设，推动企业技术中心整体研发能力的提升。

公司在国内同行中率先组建了作物育种分子实验室、种子检测新技术应用研究实验室和省级种子质量检测实验室。分子实验室现已开展水稻、玉米、棉花等分子标记辅助育种研究，并取得阶段性成果；种子检测新技术应用研究实验室开展公司主要品种及其骨干亲本的DNA指纹图谱构建和分子测纯等技术的研究，技术不断纯化，并进入规模化应用阶段，分子育种和分子检测技术在行业中达到领先水平。为生物育种及品种产业化奠定了良好的技术基础。

图2　丰乐公司的分子实验室

为满足商业化育种要求，进一步完善了育种站和生态测试站点的建设，建成了海南乐东旱作育种站、河南新乡玉米小麦育种站、安徽肥西水稻育种站、四川温江综合育种站和海南三亚水稻南繁育种站。同时在河北石家庄，陕西宝鸡，安徽黄山、金寨、宿州、阜阳，山东夏津及新疆喀什等地建立多个生态测试站，测试网点达到80多个，形成了针对品种适应性研究的网络布局，还配套建设了基础的试验设施。在合肥双墩试验站建有育种研究温室和大棚、冷罐池、网池等大型现代化的育种配套设施设备。在全国主要生态区建立试验站（点）的试验面积 2 000 多亩，仪器设备及设施 200 多台（套）。

团队创新——丰乐种业核心竞争力的人才支撑

公司重视科技人才队伍建设，力求打造出一支具有较强竞争力的创新团队。公司研发团队的年龄结构、知识结构合理，科研水平较高。公司企业技术中心现有各类研发人员 238 人，产业技术带头人 2 人，其中具有高中级技术职称 124 人，本科以上学历 162 人（其中博士 4 人，硕士 57 人）。通过课题合作，与大专院校、科研院所建立长期合作关系专家 18 人。

杂交水稻研发方面，已形成了拥有 1 名博士、3 名硕士共 20 余人的研发团队，在两系杂交水稻新品种研发上，取得了业内瞩目的成就，为此，公司的“优质高产两系杂交水稻新品种研发团队”于 2009 年被安徽省委组织部评定为安徽省第三批“115”产业创新团队。公司玉米研究所是国内最早按照商业化运作模式建立的研发团队。是一个由一名 10 多年育种经验的博士牵头，18 人组成的、结构合理的队伍，按照亲本提纯改良、材料选育、组合测配、组合测试鉴定、品种区试审定、抗病鉴定、分子辅助育种等多个环节组成的流水线式运作的高效研发机构。每年参试组合 40 多个次，2013 年进入生产试验即将审定的品种就有 5 个，每年晋级区试的品种个次占参试的 30%以上。在玉米单双倍体育种、雄性不育转育制种技术、分子标记辅助抗青枯病育种技术上在国内同行业内处于先进水平。

公司瓜菜研究所现有研发人员 10 多人，其中本科以上学历 7 人，高级职称 5 人，博士 2 人、硕士 5 人。近两年，先后承担省国际合作项目 1 项，科技攻关重点项目 1 项，科技部农业科技成果转化项目 1 项，研究成果 10 多项，并都已实施成果转化。公司的瓜菜研发团队是国内种子企业当中经验最丰富、积淀最深厚、结构较合理的研发团队。

此外，公司在油菜、棉花等产业都建立了自己的研发团队，具备一定的自主创新能力。技术中心围绕品种（产品）研发、技术改造、管理创新等方面，开展技术创新研究，形成了独具特色的核心专有技术，为企业自身以及行业的快速发展发挥了积极作用。

图 3　丰乐种业公司的成都水稻试验基地

经费保障——丰乐种业科研创新能力提升的加速器

公司以科技创新促进企业快速发展，以利润增长来反哺科研，科技投入的稳定增长保证了科研水平的持续提高。近年来，每年科技经费投入与销售收入保持同步增长。近三年来，每年研发投入都在占销售收入的 3%以上，研发费用主要用于公司自主研发农作物新品种、合作、技术改造以及开展新品种新技术研发必要的设备购置、设施建设等，有力促进了企业研发创新能力的提升。

近三年分别建立和完善了 1 个省级种子检验中心、1 个分子实验室、4 个检测检验分析中心，在全国典型生态区新建了 7 个育种试验站，测试点80多个，大大提高了公司的育种能力和异地鉴定水平，促进了商业化育种模式的构建。

公司积极申报农业财政资金项目，近三年先后承担了农业部转基因生物新品种培育重大专项、国家发改委企业技术中心创新能力建设、生物育种专项等8个项目，获得补助资金3 000多万元，成为公司科研投入的有效补充。

注重联合与合作，多渠道促进创新和成果转化

产学研合作，吸收优质资源提高公司科技创新能力

为了提高公司的科研水平，积极与科研院所开展产学研合作，以灵活多样的方式不断地提高公司自主创新与合作创新能力。

与北方杂交粳稻工程中心合作，开展两系杂交水稻新品种研发联合攻关，选育出两系不育系广占63S和新品种丰两优一号，广占63S成为国内水稻两系育种研究应用最广泛的育种材料之一，达到国内同类研究的领先水平，丰两优一号新品种连续6年被农业部列为全国杂交水稻主推品种。与中国水稻所合作成立国丰杂交稻育种研究中心，选育出两个国审品种“国丰一号”、“国丰二号”，成为全国三系杂交水稻主打品种。与河南省济源市农科所合作，研发出两个国审玉米新品种济单七号、济单94－2。还与科研院所、大专院校联合组建“中国种业科技创新战略联盟”、“安徽省玉米产业技术创新战略联盟”，与安徽省农科院水稻所等科研单位联合申报承担国家水稻综合实验室建设任务。

近三年，公司更是不断加大科研投入，借助各种科企合作平台，加强与国内外高校和科研院所合作力度。通过与山东省农科院玉米研究所、宝鸡迪兴农业科技有限公司、内江杂交水稻科技开发中心加强合作，研发出鲁单818、陕科6号、内5优H25等深为市场欢迎的新品种。公司与中国农科院作物研究所、北京市农林科学院玉米研究中心、浙江大学、安徽省农科院等国内10多个高等院校和科研院所开展产学研合作40余项，合作开展新技术与新品种研发19项，合作开展农业科技成果转化15项，提升了公司的技术集成与技术转化能力。与中国农科院作物研究所合作共建“丰乐种业北京生物技术育种中心”，重点开展生物技术创制新资源新材料的工作。与北京农科院玉米研究中心合作开展单倍体育种工作。与安徽农业大学、安徽省农科院作物所开展小麦委托育种。与四川内江农科院建立资源和设施条件共享的深度合作，进一步壮大企业自主创新能力。

公司还与美国、法国、巴基斯坦、印度、乌克兰等国外多家同行企业开展新品种合作开发研究，如与巴基斯坦开展西瓜甜瓜国际合作项目。开展经常性的种子科技与信息交流活动，加强国际交流与合作，推动了企业国际化的进程。

通过开展多种方式的产学研合作，聚合公司资源优势和科研院所的技术优势，提升了企业创新能力，为公司可持续发展打下了坚实的基础。2012年公司被评为“安徽省产学研联合示范企业”。

承担政府科技项目，加快科技创新成果推广转化

在做好自主研发的同时，公司还积极承担国家、省市科研项目，承担国家和省级农作物品种的区试工作。近年来，公司先后承担国家、省、市各级科研项目20多项，其中国家项目9项，已通过验收3项，其余6项正在按项目实施计划顺利执行中。通过项目的执行，极大地强化了公司的科研平台建设，加强了公司科研团队建设，增强了科研技术创新及成果转化能力，成果丰硕，获得了10多项各类科技成果奖。

表 1　丰乐种业承担的国家项目执行情况一览表

序号	项目名称	所属部门	所属类别	执行年度	备注
1	优质超高产杂交稻春优 58、研优 1 号生产技术集成与产业化示范	农业部	科技跨越计划	2008—2010 年	已验收
2	转新型双价基因（Cry1Ac+ApI）棉花新品种产业化	农业部	农业部重大专项	2009—2011 年	已验收
3	优质两系超级稻丰两优香一号中试与示范	农业部	农业科技成果转化资金项目	2009—2011 年	已验收
4	长江中下游地区两系杂交水稻可持续发展关键技术研究与应用	科技部	十二五”农村领域国家支撑计划	2012—2015 年	实施中
5	长江流域转基因抗虫杂交棉花新品种推广关键技术研究与产业化	农业部	转基因重大专项	2012—2015 年	实施中
6	主要农作物生物育种能力提升与重大新品种产业化	国家发改委	生物育种专项	2012—2014 年	实施中
7	优质抗病早熟甜瓜品种中试与示范	科技部	农业科技成果转化项目	2012—2014 年	实施中
8	合肥丰乐种业股份有限公司企业技术中心能力建设	国家发改委	企业技术中心能力建设专项	2012—2014 年	实施中
9	安徽两系杂交水稻技术集成与产业化	科技部	星火计划项目	2011—2013 年	实施中

近年来，公司以自主创新为主导，以项目建设为载体，大力加强科研基地建设，升级研发平台和提升产品研发能力，取得了丰硕的科技成果，自主选育新品种 41 个，申请保护权保护 23 个，申报专利 9 个，其中授权 3 个，参与制订国家标准 1 个，地方标准 2 个。

公司是农业产业化国家重点龙头企业，成果转化能力强，近三年丰乐杂交玉米种子销售量年均约 2 000 万千克，位居国内玉米种子行业前列；公司杂交水稻销售量年均约 1 000 万千克，保持了国内最大的“两系”杂交水稻公司地位；西甜瓜年均销量 15 万千克，保持了全国最大的西甜瓜种子公司的领先地位。通过公司现有销售服务网络和品牌影响力，成功将科技成果转化为生产力，取得了良好的经济效益和社会效益。

公司以市场需求为导向，开展服务型营销，提供“保姆式”服务，注重搜集市场需求信息，建立信息收集反馈机制，倾听市场的声音，力求把公司产品技术服务的触角伸向每一个客户，每一个角落。获得了市场的认可，提高了公司品牌的知名度和美誉度。公司在行业内较早开设了“400”全国服务电话，为客户提供品种和种植技术上的解答和支持，定期对客户进行回访，询问品种情况和收集客户反馈意见。“400”热线及时解决了广大农民朋友在种子种植中的很多疑难问题，受到农民朋友的欢迎，成为公司与市场沟通的有效渠道，成为为农民提供技术服务的有效载体。

公司建立了一支强大的营销技术服务队伍，销售服务网络终端延伸到乡镇，在全国现已建立销售服务网点 3 000 多个，营销及科技服务人员遍布全国各地。建立了销售服务网络，成立皖东（安徽来安）、华东（安徽合肥）、华中（湖北武汉）、华南（广西南宁）、黄淮海（河南郑州）、华北（河北石家庄）、东北（内蒙古通辽）、西北（新疆昌吉）八大服务中心，使公司种子示范推广、技术服务、销售网络功能覆盖全国主要生态种植区域。

图 4　丰乐种业公司的新品种示范现场会

在安徽、湖北、江苏、江西等长江中下游稻区，四川、重庆等长江上游稻区和广东、广西等华南稻区分别建立了多个百亩水稻高产示范片、千亩以上的水稻高产示范基地。在安徽、河南、山东、河北等黄淮海夏玉米区，河北、辽宁、吉林等东华北春玉米区建立了多个玉米百亩示范片；在安徽、江苏、河南建立了多个小麦百亩示范片。开展不同生态条件下的高产制种及配套栽培技术研究，制定高产高效操作规程。通过典型示范引导农民种植，对配套栽培技术进行集成，并在核心示范区进行示范，对种植户定期进行培训，从而达到高产高效、良种良法配套目的。

用科技创新，“把丰收的快乐带给农民”

提前布局，谋划高端，发挥技术骨干的带头作用

公司秉承“把丰收的快乐带给农民”的企业理念，弘扬“团结、奉献、拼搏、创新”的企业精神，开拓创新，追求卓越，积极参与市场竞争和合作，以科研为基础，加快技术和品种更新，不断推出适应我国种植特点、质量优良、产量高、抗性好、适应性强的新品种，提高市场占有率，抢占全国市场，拓展国际市场，打造国内种业龙头、国际种业有席的现代化农业大公司。

未来几年，公司规划目标为销售额和净利润均以年均10%以上的速度增长，到2020年，销售收入达到50亿元、净利润3亿元，实现可持续快速增长。把丰乐种业发展成为实力雄厚、科技发达、人才荟萃、管理规范、辐射强劲的现代化、集团化、国际化公司，把丰乐品牌打造成为中国种业的领军品牌。

公司负责人及班子成员对科技创新工作已形成共识：做企业要

创新思维、不断超越，只有创新才有发展，只有及时更新思想意识，不断突破自我，才能跟上时代的步伐，才能在竞争中立于不败之地。面对竞争日益激烈的种子市场，面对不断冲击中国民族种业的外国跨国公司，更应从思想、机制、技术、品种到营销方法等各个方面进行全方位创新，加强学习与借鉴，才能实现突破，实现跨越式发展，逐步缩小与国际大公司的差距。公司的发展史就是丰乐人不满足现状、不断创新的历史，每一次丰乐种业大的飞跃无一不是靠的敢为天下先的创新精神。从公司建立之初最早走入市场，从全国 2 000 多家种子管理站中脱颖而出，到成立种苗研究所，建立全国种业第一家科研机构，到在种业公司中第一个走向资本市场成功上市，每一次都是创新精神促成了丰乐的飞跃，公司只有将这种精神不断传承、发扬光大，才能实现公司新的辉煌和飞跃。

公司技术带头人徐继萍，企业技术中心主任，高级农艺师职称，现任公司副董事长、党委副书记、总经理。在水稻育种与产业化开发上作出突出贡献，研究制定了两系杂交水稻制种安全控制体系，探索杂交水稻纯度室内鉴定技术，开辟了安徽、江苏、四川、广东、广西等地两系法杂交水稻种基地，有效降低种子质量风险；带领两系杂交水稻研发团队，成功地将“丰两优”系列两系杂交水稻推广到长江中下游及南方各主要稻区，极大地提高了我国杂交水稻的产量和品质，使丰乐种业成为我国最大的两系杂交水稻生产销售专业公司。其个人先后获得国家科技进步一等奖 1 项、安徽省科技进步奖 2 项、神农中华农业科技奖 1 项、合肥市科技进步奖 3 项、合肥市自然科学优秀论文一等奖 1 项，是安徽省第三批“115”产业创新团队（两系杂交水稻）带头人。

公司总农艺师王浩波，博士，高级农艺师，省学术（技术）带头人后备人选，安徽省劳动模范，《中国瓜菜》编委，全国西瓜甜瓜鉴定委员会委员。曾承担和参与多项省、市研发项目，是安徽省西瓜甜瓜工程技术心和合肥市西瓜甜瓜工程技术中心的技术负责人之一。主持选育多个西瓜甜瓜品种，修改制订西瓜甜瓜生产制种技术规程，改良提纯了西农八号、丰甜七号等主导产品的亲本，为丰乐西瓜甜瓜品种更新和产业提升起到技术性和品种支撑作用。承担全国西瓜甜瓜区试任务，主审多个西瓜甜瓜的品种鉴定工作。负责种质和技术创新及种质材料的抗性鉴定，组织制定技术方案和新品种试验示范推广。近三年，先后承担省国际合作项目 1 项，科技攻关重点项目 1 项，科技部农业科技成果转化项目 1 项，研究成果 10 多项，并都已实施成果转化。

正是公司负责人及班子成员充分认识科研工作的重要性，以创新的精神和务实的态度，在实际工作中坚持不懈地推进科研工作，才使得公司的科研工作保持着较高的水平，十多项技术在行业内处于领先，基于此，公司成为高新技术企业和安徽省创新型企业，2012 年公司被评为安徽省“十一五”技术创新先进集体、合肥市品牌示范企业。

摸索经验，吸取教训，加快形成高效率的科技创新模式

经过多年的科研实践活动，丰乐公司在研发创新方面积累了一定的经验，主要有以下几个方面：

一是要广聚创新人才，打造富有创造力的团队。公司坚持以人为本理念，创造“敢为人先、勇于创新、鼓励竞争、宽容失败”的科研氛围，打造一支素质优良、结构合理、数量充足并且忠诚丰乐事业的科技人才队伍。2012 年公司先后派 3 位科研人员到国外培训学习，5 人次在国内合作单位学习培训，6 人结合公司科研需要在职攻读博士和硕士学位。根据研发创新团队建设需要，优先完善研发条件，提供研发所需的配套设施设备等，营造良好的创新氛围，做好新老科技人员的传帮带，建立结构合理的人才梯队。这些措施大大提升了研发人员的创新素质和团队的创新潜力。

二是创新产学研合作机制，促进科企深度合作。多年来，公司与几十所科研院所、高等院校积极开展产学研合作。广泛收集行业信息，建立全方位的沟通渠道，通过技术转让、委托研究、联合攻关、共建科研基地、组建研发实体等多种方式，探索科企合作新模式，聚合资源，为我所用，加快了技术、品种创新步伐，取得了良好的效果。近三年以来，先后开展科技合作项目 34 项，共同研发新品种 20 多个、新技术 10 余项，创造了效益的同时，极大地提升了企业整体研发水平。

三是创新激励和约束机制，最大限度地调动创新团队成员的主动性和创造性。公司对科研团队实行绩效考评和目标责任制：创新团队每年上报年度总结报告，公司进行综合考评；创新团队按考核指标明确提出团队总体和分年度的目标计划，并进行分解和细化。目标主要包括创新能力建设、人才培养、专利产品和成果产出、经济效益等。

图 5　丰乐种业公司表彰科技创新优秀人员

同时为了鼓励科研人员钻研业务、多出成果、快出成果，公司出台了《科研人员岗位聘任办法》，设置首席专家、岗位专家、主任研究员、研究员、助理研究员、实习研究员和技术员共七个级别的岗位，为科研人员提供专门的职业发展通道。实行“一岗多薪”，收入与绩效挂钩，激发科技人员的创新热情。制定了《促进科技创新和加速成果产业化奖励办法》，每年开展总结评比表彰活动，每两年召开 1 次科技进步奖励大会，对在科研工作中成绩突出的个人和集体进行表彰和奖励，近三年累计发放奖励资金 400 多万元，极大地调动了科技人员的积极性和创造性。

• 大北农集团

立足技术创新，争创全球领先农业科技企业

技术创新，造就创新型企业

北京大北农科技集团股份有限公司（以下简称“大北农集团”）于1993年创建，秉承“报国兴农、争创第一、共同发展”的核心理念，以“创建世界级农业科技企业”为愿景，致力于为农业生产提供高品质科技产品与服务。2010年4月9日在深圳证券交易所上市（002385，大北农）。大北农集团以饲料、动保、种业、植保、生物饲料、种猪六大产业为主体，现有20 000多名员工。大北农集团在全国有60多家生产基地、80多家子公司、2 000多家养猪服务中心。2012年，在美国设立大北农北美公司。大北农集团是国家高新技术企业、国家认定企业技术中心、农业产业化国家重点龙头企业、国家创新型企业、中关村“十百千”企业。大北农种业（金色农华）为中国种业信用骨干企业十强（第7名），水稻种子市场占有率居全国第二。

自创立以来，“技术创新”始终是大北农集团的立企之本，是三大核心竞争力之一。近年来，集团不断加大对微生物饲料、大乳猪料系列产品、动物疫苗、种猪、生物育种、水稻玉米新品种等方面的专项研究投入。2012年度，公司研发支出投入总额为34 348.73万元，占公司营业收入总额的3.23%。目前大北农集团

在北京拥有 7 个研发中心，实验室面积超过 2 万平方米，实验设备原值超过 1 亿元。核心研发人员 1 200 多名，80 多名博士，260 多名硕士，引进海外高端领军人才 5 名。

图 1 大北农集团所获荣誉

大北农集团建有“饲用微生物工程国家重点实验室”（国科发基［2010］718 号）、“作物生物育种国家地方联合工程实验室”、“农业部作物基因资源与生物技术育种重点实验室（农科教发［2013］9 号）”3 个国家级科研机构。2006 年设立“中关村科技园区海淀园博士后工作站分站”，2010 年设立“企业院士专家工作站”，还被认定为“作物生物育种北京市工程实验室（京发改［2011］512 号）”、“饲料安全生物调控北京市工程技术研究中心（NO：BG0051）”、“饲料安全技术北京市工程研究中心（京发改［2011］1904 号）”、“北京市科技开发机构（机构批准号：4132）”，2011 年获批北京市农业生物技术国际科技合作基地。在积极提升技术创新整体实力的同时，大北农集团与国内外多所大学及科研院所建立了稳定的合作关系。

大北农集团是全国企事业知识产权试点单位，中国畜牧兽医学会副理事长单位，中国农学会农业产业分会理事长单位，中国畜牧业协会副会长单位，中国饲料工业协会副会长单位，中国动物保健品协会副会长单位，中国种业协会副会长单位。

深化技术创新战略，带动企业持续发展

1993年冬天，“大北农饲料科技有限公司”成立。公司创始人、董事长邵根伙博士在公司成立之初就确定了“以人才为主体，科技为导向，与国有饲料企业优势互补，建立以大北农为中心的饲料企业集团”的发展规划，确定了“技术创新”是引领大北农集团发展的中坚力量。经过20年的发展，大北农集团从成立之初的2个人、2间房，发展成了拥有20 000名员工，市值超200亿的农业科技集团，大北农的“技术创新”策略紧跟时代潮流，犹如不断升级的发动机一般，给企业发展提供源源不断的动力。

确立技术创新战略方向

公司创业之初，把产品开发的主攻方向定位在乳猪料配方和生产上。公司从中国农业大学邀请了10多名知名专家教授和青年知识分子成立了“大北农技术委员会”，依靠专家技术委员会这个强大后盾，“大北农牌”乳猪料551很快就研制成功，市场反响非常好。1999年，大北农的研发机构“大北农研究院”正式成立，大北农集团开始走技术研发之路。

同年，大北农集团开始设立“大北农科技奖”，每届拿出100万元，无偿资助在农业科研做出突出贡献的专家。如今，大北农科技奖已经成功举办了8届，共收到申报项目2 092项，奖励金额共计人民币1 751万元，有260位专家（含9位院士）获得奖励，自

2011 年开始获得国家奖推荐资格。

全面实施技术创新战略

自 1999 年大北农研究院成立后，在企业内部不断加大对研发的投入力度，改善实验条件，招聘优秀人才，不断提升企业研发“硬实力”和“软实力”。2006 年，大北农集团被认定为“国家企业技术中心”。同年获批设立“中关村科技园区海淀园博士后工作站分站”，现有在站博士后 11 名。

2005 年开始在企业内部开始实施“技术创新工程”，以新技术商业化应用和提高新产品市场占有率为导向，新产品创新和工艺创新必须为企业发展和商业成功服务，并将一项新技术、一个新产品能否投入生产、投放市场并取得显著经济效益作为价值与成功判断的唯一依据。

此阶段，大北农技术创新的思路是应用生物技术发展生物饲料、生物疫苗、生物育种、生物农药四大核心产业；利用信息技术开发现代农业和新农村所需的相关信息化服务产品并建立综合信息服务平台；为农村培训现代创业型农民，使其成为新技术新产品的应用者。技术创新途径是实施“生物饲料添加剂新产品研发及产业化”、“生物疫苗研制及产业化”、“杂交玉米和水稻新品种选育及产业化”、“生物农药新产品开发及产业化”四大技术创新项目。

深化自主创新，实现跨越发展

2010 年 4 月 9 日，大北农集团在深交所上市（大北农，002385），大北农集团进入跨越式发展的新阶段。目前已经形成了生物饲料、生物育种和生物疫苗三大技术创新平台。2011 年 1 月，大北农集团正式成立生物技术中心（被认定为“农业生物技术北京市国际科技合作基地”），现已获得首批抗虫、抗除草剂和雄性不育系的优良转化子，2012 年 76 件已进入中间实验安全评价，预计首批商业化 events 将于 2015 年获得。

2013 年 9 月 30 日，习近平等政治局同志来到中关村集体学习，并调研战略新兴产业。公司董事长邵根伙博士作为农业科技创新领域的领军人物向习总书记等政治局同志汇报了农业生物技术的前沿发展与大北农最新科技创新成果。习总书记对大北农立足中关村，加大对生物技术的投入，整合全球资源，以创建全球领先的农业高科技企业为奋斗目标，为实现农业科技创新梦贡献力量给予了高度赞扬。

技术创新，打造企业竞争战略高地

强化研发体系，引领技术创新前沿

大北农集团研究方向以饲料、种业为主体，动物保健、植物保护为辅，公司设立由微生物技术研究中心、饲料技术研究中心、金色农华种业科技有限公司技术开发中心、生物技术中心、动物保健科技有限责任公司技术开发中心、动物医学研究中心绿色农华植保科技有限责任公司技术开发中心，以及下属高新技术企业技术中心等组成的技术中心（图 2）。

第一，饲用微生物工程国家重点实验室。饲用微生物工程国家重点实验室成立于 2010 年 12 月，是由科技部批准，依托北京大北农科技集团股份有限公司筹建的企业国家重点实验室，2013 年 9 月通过科技部验收。

实验室同时也是“饲料安全生物调控北京市工程技术研究中心”、“北京市科技开发机构”，主要研究方向涵盖饲用微生物菌种

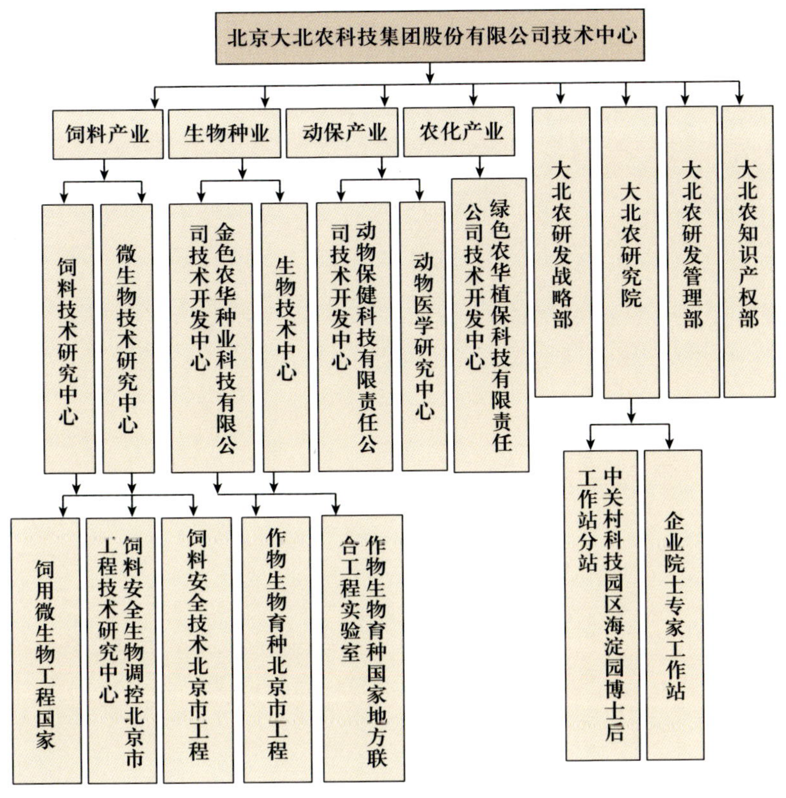

图 2　大北农技术中心组织架构

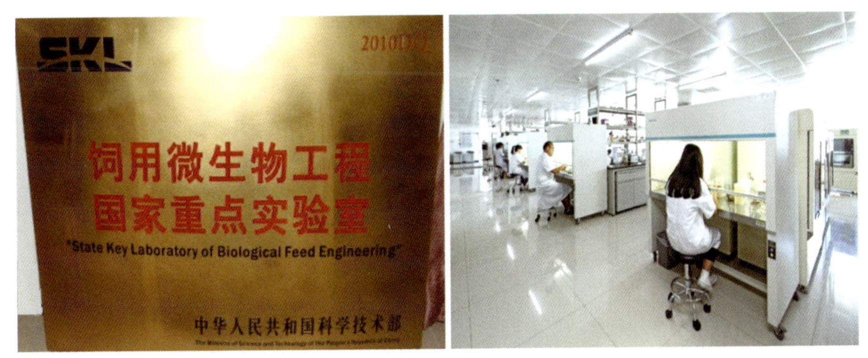

图 3　大北农饲用微生物工程国家重点实验室

资源创新、微生物发酵工艺与制剂工程、饲用微生物产品标准与技术规范、饲用微生物产品应用基础研究、微生物发酵新产品创制等多个领域。现有办公、科研及实验用房 6 500 余平方米，各类仪器设备总价值 2 600 余万元。实验室已申报国家发明专利、实用新型专利等 70 余件，已授权发明专利 2 件、实用新型及外观专利近 10 件，在国内外核心期刊上发表文章 30 余篇。同时，实验室与大北农集团旗下的生物饲料事业部协同合作，形成饲用微生物产品开发所必备的研发生产体系，实现了多项研发成果的快速产业化。

第二，作物生物育种国家地方联合工程实验室。作物生物育种国家地方联合工程实验室是大北农种业（金色农华种业）的育种研发机构，同时也是“作物生物育种北京市工程实验室”、“北京市科技开发机构”。

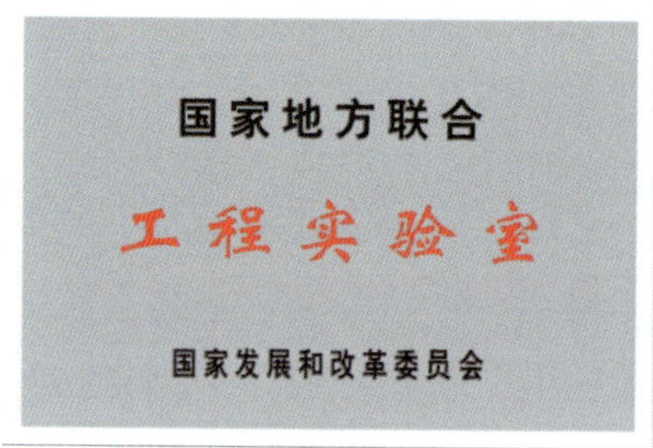

图 4　大北农集团作物生物育种国家地方联合工程实验室

工程实验室（分子检测实验室）坐落于中关村生命科学园内，占地 935 平方米（含办公区）。在全国 26 个省区，建置了 35 个品种鉴定站，301 个品种试验站，16 个抗性鉴定点，5 000 多个品种定位试验点（相当于先锋的 PAT）。年品种测试小区数近 20 万个，每年仅品种测试一项的投入就超过 1 000 万元。2013 年 9 月 29 日，国务院副总理汪洋来到大北农种业（金色农华）通州育种中心（290 亩地）田间现场调研，对公司在农作物新品种培育方面所做的工作给予了充分的肯定。

第三，农业部作物基因资源与生物技术育种重点实验室。农业部作物基因资源与生物技术育种重点实验室是大北农集团（生物技术中心）的育种研发机构。同时也是“北京市作物分子育种工程技术研究中心”。

图 5　2013 年 9 月 29 日上午，汪洋副总理视察公司通州育种基地

农业部作物基因资源与生物技术育种重点实验室

（北京大北农科技集团股份有限公司）

Key Laboratory of Crop Genetic Resources and Biotech Breeding, Ministry of Agriculture, P.R.China

中华人民共和国农业部

二〇一三年

图 6　大北农集团农业部作物基因资源与生物技术育种重点实验室

实验室拥有完整的作物生物育种技术链，下设分子生物学、遗传转化、性状整合与分析以及分子标记等技术平台。拥有先进设备的国际一流实验室 5 100 平方米，玻璃温室 1 041 平方米，采光设计独特的改良阳光温室 13 栋 6 812 平方米。是国内唯一法规科学实验室，拥有道格拉斯基因分型平台、ABI7900HT 基因定量分析仪、ABI3730XL 高通量测序仪、IBS 培养基制备与分装系统等各种仪器设备 324 台套。

图 7　大北农集团分子生物学平台、遗传转化平台、分子标记平台

未来五年（2013—2017年）计划总投资5亿～8亿，创建国际一流的分子生物学、遗传转化、性状分析和整合、分子标记等平台；专注于玉米、水稻、大豆等主要农作物精准生物育种及关键农艺性状研究，以提高作物产量，增强作物对除草剂、病虫害、干旱等的抗性，增进作物对肥水的利用效率。同时与集团旗下金色农华种业公司协同合作，贯通上游基因发掘与下游产业化开发的渠道，形成现代种业研发链，快速推进转基因作物新品种的产业化。

第四，大北农动保研发体系。大北农集团动保研发体系根据产品线分为大北农集团动物医学研究中心和动物保健技术研究中心，于2008年被认定为“北京市科技研发机构”。大北农集团动物医学研究中心，成立于2003年，总面积为3 000余平方米，研发人员80余人。目前获得2个新兽药证书猪圆环病毒2型灭活疫苗(DBNSX07株)、《鸭传染性浆膜炎二价灭活疫苗（1型RAf63株+2型RAf34株)》。中心研发成果直接与集团控股企业福州大北农生物技术有限公司实现无缝对接。大北农集团动物保健技术研究中心位于怀柔区雁栖镇大北农科技产业基地，研发人员20余人。卫康、瑞特奇、乳乐玢2009年被评为“北京市自主创新产品”。帝诺玢、呼诺玢被中国动保协会评为推荐产品。2008年中国动保协会组织的全国兽药企业销售额和综合竞争力排行中，位居第33位，入围中国兽药五十强企业。2009年，公司被评为中国兽药生产企业30强。

第五，生物农药研发体系。大北农集团生物农药研发中心是“北京市科技研发机构”，经过多年的发展，积累了丰富的产品研发经验，建立了实力雄厚的研发团队。目前绿色农华研发中心下设微生物农药中心、蛋白质农药中心、制剂研发中心、生测部、登记部（国内、国外）、产品策划部、知识产权部、中试基地（绩溪中试基地、通州中试基地）。绿色农华研发中心主要集中于生物农药的研制与开发，部分项目用于环保剂型化学农药的改造开发，目前立项了“多抗霉素系列产品研发”产学研项目、“春雷霉素系列产品”、“苯醚甲环唑系列产品”等项目。

团队建设，打造创新型人才梯队

“技术创新”作为企业的三大核心竞争力之一，技术创新团队建设是重中之重。大北农集团一直将人才作为企业发展的唯一资源，每年按20%的速度扩大科研队伍，形成一支内外联合、上下互动、持续创新的科技人才梯队。现有科技人员1 200多名，包含博士80多人、硕士260人，引进国际领军人才5名，其中2人入选“千人计划”，“海聚工程”人才4人，“高聚工程”人才1人，入选北京市“科技新星”计划青年人才5名。

2006年建立博士后工作站分站（京人发［2006］71号），目前有在站博士后11名，出站2名（含1名尼日利亚籍博士）。2010年10月，成立企业科协，同年12月成立“院士专家工作站”，有9位院士进站工作。

目前，大北农集团已形成较完善的选才、聚才、用才机制，建立了网络人才库与科技人才的激励机制，支持员工在职深造，对有突出贡献的科技人才实行重奖，加强专业技术人员继续教育工作，全面提升了专业技术人员的自主创新能力和综合素质。

产学研合作，提升成果转化能力

大北农集团一直以“创建全球领先农业科技企业”为企业发展愿景，在自身积极发展的同时也十分重视与国内外科研机构的合作，主要表现在大量委托及合作研究、设立大北农科技奖励、共同转化国家农业生物高科技成果和协助进行知识产权管理，共同规范科技成果的市场行为等。

首先，重视合作研发。大北农集团与中国农业大学、浙江大学、东北农业大学、湖南农业大学等 17 所高等院校，及中国农业科学院、北京市农林科学院、中国科学院微生物所等 23 所科研院所建立了产学研深度合作关系，国内合作项目 68 项，其中，生物饲料项目 22 项、生物种业 27 项、生物疫苗 11 项、生物农药 8 项。

国际方面，与英国诺丁汉大学、加拿大 PPI 公司、美国北卡罗来纳州立大学、加拿大种猪遗传改良中心、美国斯泰技术公司、法国格隆 AGH 集团等国外机构建立了稳定的合作关系。并积极通过政府和其他组织搭建的各种平台，不断发现新的合作伙伴。2011 年获批“北京市农业生物技术国际科技合作基地”。

2011 年 12 月，公司与中国农业大学签署了关于《北京大北农科技集团股份有限公司与中国农业大学战略合作协议》。与中国农业大学发起设立“中关村农业科技（种业）创新基金”，大北农集团每年投资 2 000 万元，五年内累计投资 1 亿元（另外，邵根伙博士个人每年 1 000 万，5 年 5 000 万），用于委托研发、合作研发等。

图 8　公司与中国农业大学签订战略合作协议书

其次，共建研究机构和产业联盟。目前大北农集团是北京现代农业科技创新服务联盟（社会团体）、首都籽种产业技术创新战略联盟、首都生物饲料科技创新服务联盟、北京中关村农业生物技术产业联盟、北京国际科技合作基地联盟的理事长单位，与行业内的企业、高校和科研院所共建协同创新平台，并与中国畜牧兽医学会、中国畜牧业协会等行业组织开展紧密合作。

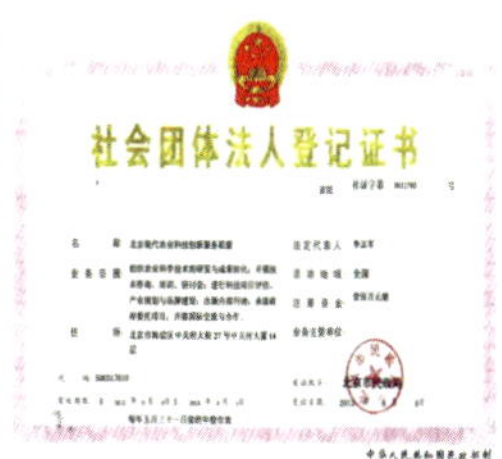

图 9　大北农集团共建的产业联盟

最后，推动产学研结合，带动了企业承担科技项目及成果的转化。

大北农集团主要通过生物技术开发生物饲料、作物新品种、生物疫苗、生物农药，通过“开放竞争的产学研合作”与“成果中试熟化转化”两大自主创新特色模式，基本解决了微生物饲料添加剂稳定性、杂交作物品种的快速纯度检测、生物疫苗效力与安全性等行业关键性共性问题，开发出大量可持续的产品储备，显著增强了公司核心竞争力。

截止 2013 年 11 月底，大北农集团累计承担和参与国家、省市级研发项目 56 项，其中生物饲料 22 项、生物种业 18 项、生物疫苗 5 项、生物农药 11 项。

截至 2013 年 11 月，大北农集团（包括部分下属子公司）共提出专利申请 632 件（其中，发明专利 390 件）；授权 319 件专利（其中，发明专利 128 件）；共提出植物新品种权申请 187 件，其中 33 件已得到授权。获得计算机软件登记权 8 项，参与制定国家标准 1 项、行业标准 44 项；获得国家三类新兽药 4 项、国家重点新产品 5 项、国审作物新品种 18 项。获得中国名牌产品 1 个、北京市自主创新产品 33 项。完成的科技成果转化项目数共计 180 余项，开发了预混料产品 136 个，微生物饲料添加剂产品 17 个。自主培育的玉米新品种“农华101”成为农业部主推玉米新品种，2013年推广面积近千万亩（970万亩）。大北农种业通过自主培育、购买专利权、品种独占开发权、育种半成品投入的方式，近三年转化并实现产业化的种业科技成果17项，累计实现经济效益4.8亿元，推广面积达1 400万亩。

2009年11月，大北农承担的“新型安全高效环保消毒剂的研发与应用”获湖南省科学技术进步奖三等奖；2009年12月，金色农华参与的“早熟高产、多抗、优质玉米杂交种京玉7号、京玉11号选育与推广”项目获北京市科学技术进步奖三等奖；2011年12月，大北农集团参与的“仔猪健康养殖营养饲料调控技术及应用”获得国家科学技术进步奖二等奖，2012年12月，大北农集团参与的“重要动物病毒病防控关键技术研究与应用”获得国家科技进步一等奖。

技术服务，提升企业竞争力

首先是科技平台服务。大北农生物技术中心于2010年设立，经过2年多的发展，汇集国际知名专家学者，积极开拓合作渠道，开展作物育种研究，已初步搭建起具备国际一流水准的作物研发平台。

生物技术中心在基因技术创新发面，实现国内第一（2 000载体/年）、技术国内首创（50万样本/年）、效率国内第一（>85%）。在作物规模化转基因平台创新方面，玉米转化效率15%，获得12 000株玉米转化子，实现5万株/年。水稻转化效率30%，半年共转化600个载体，实现10万株/年。大豆转化效率5%～10%，能力达到1万株/年。目前，研发团队已构建了800个性状测试载体和作物改良的商业化载体，获得50 000个玉米高质量转化事件，75 000个水稻转化事件和5 000个大豆高质量转化事件。

其次是市场技术服务。大北农集团构建了总部、子公司、服务站三级服务支撑体系，并由超过 2 000 多人的科普人员对客户进行全方位的技术服务，通过每年超过 500 次的技术推广会、月发行超过 60 万份的《大北农技术服务报》等全国性的农民技术培训等手段，对经销商、养殖户、种植户进行不间断地培训、指导和服务，提升公司产品影响力和网络竞争力。

经费投入，夯实技术创新的基础保障

在研发经费上，大北农集团重视研发经费投入，以自主研发为基础，广泛整合科技资源为手段，加强与高校和科研院所间的技术合作与交流。近三年大北农集团研发费用已达 7.5 亿元，2010 年至 2012 年投入的研发经费分别为 1.68 亿、2.43 亿和 3.4 亿，均超过当年销售收入的 3%。主要用于实验设备的购置、实验场地的建设与租赁、实验原材料的购置、人员劳务、技术开发等费用。目前大北农集团科研设备固定原值已达 1.5 亿元，拥有实验场所近 3 万平方米。三年委托外单位进行合作开发产生的费用共计约 2 900 万元，进行了 20 余项科技成果的转化实施，产生经济效益 20 亿元以上。

坚持科技创新战略，引领企业持续发展

2013 年是大北农集团创业 20 周年，过去的 20 年大北农实现了从零到市值 200 亿的突破。大北农集团制定了未来 10 年的技术创新发展规划：结合国家《生物产业发展规划》要求，加快大北农集团新兴农业生物产业创新能力培育，建设完善的生物技术产业创业平台，提升集团在农业生物产业的核心竞争能力，为我国农业发展和人民生活水平的提高提供优质的产品和优良的服务，打造具有国际竞争能力的、年产值超百亿元的生物农业龙头

企业。

第一阶段：到2015年，集团生物产业布局技术创新平台建设基本完成，形成特色鲜明的产业发展能力和核心竞争能力，对集团盈利和发展推动能力的贡献作用明显增强，在全国产业竞争格局中占据有利位置。

第二阶段：到2020年，生物产业发展成为大北农的支柱产业，年销售收入突破100亿元，利润突破20亿元，研发投入不低于10亿元，集团创新能力明显增强，跻身中国农业生物产业第一集团军，同时成为全球重要的农业生物技术公司之一。

• 中化化肥

多元创新，携手现代农业共同进步

创新进取，护航企业参与全球竞争

中化化肥有限公司（以下简称“中化化肥”）的控股股东——中国中化集团公司（简称中化集团）为国有重要骨干企业，连续八年获评国务院国资委A级中央企业。中化集团主业分布在能源、农业、化工、地产、金融五大领域，是我国最大的农业投入品（化肥、种子、农药）一体化经营企业，是中国最早进入《财富》全球500强排行榜的企业，已连续23次入围，2013年名列119位。

中化化肥是中化集团控股的核心企业，是中国最大的化肥供应商和分销服务商，涵盖资源、研发、生产、分销、农化服务全产业链，经营产品包括氮肥、磷肥、钾肥、复合肥、微肥以及其他农业投入品，仅化肥产品年经营量已超过1 700万吨，持续位居中国化肥行业第一。公司拥有3个研发中心和4家省级企业技术中心；参控股化肥生产企业共14家，总生产能力超过1 000万吨，品种最齐全，是国内唯一一家同时拥有氮、磷、钾、复基础肥料，以及BB肥、新型肥料等的生产商和服务商；中化化肥在全国设有分公司17家，自建分销中心2 000多处，分销网络遍布全国主要农业区县，覆盖中国95%以上的耕地面积；还拥有600家分拨库、配送库，超过400万吨存储能力。

中化化肥在国际化肥市场上具有重要影响力，是国际肥料工业协会（IFA）会员单位（公司CEO任该协会生产及国际贸易委员会主席）、国际植物营养研究所（IPNI）全球17家理事单位之一、国际锌协会（IZA）及中英可持续农业创新协作网（SAIN）成员单位。

多元创新，强化企业发展新动力

科技创新，确立产业发展战略新支点

“十二五”期间，中化化肥实施第三次创业，确立了服务产业的科技创新战略，深入推进矿肥、肥化、产销、产品与服务“四个一体化”，致力于发展成为市场化运作、产业化发展、全球领先的农业投入品生产和服务提供商。

公司坚持以市场需求为导向调整产品结构，加大自主创新力度，把增强自主创新能力作为提升综合竞争力的根本，把调整产业结构和产品结构作为企业发展主线，着力推动科技转化为经济，加强科技成果产业化，不断培育和开拓差异化产品，为构筑中化化肥核心业务领域，增添新的生机和活力。

体制机制创新，打造高效运行的创新体系

中化化肥将“服务产业的科技创新战略”作为公司七大战略之一，紧紧围绕服务产业这一核心任务，把握国家科技创新体制改革和发展现代农业的机遇，承担起央企的责任与义务，创新科技体制与机制，构建了中化化肥的科技创新体系，掌握核心技术，培育拳头产品，支撑公司业务的可持续发展。

第一，建立企业为主体的长效投入机制。公司坚持以企业为创新主体建立科技长效投入机制，建立了包括国家、总部和控股企业三级科技投入保障机制，形成多层面、多渠道的科技投入格局，并纳入公司的整体预算，近几年公司科技投入年均1亿元，年科技投入占产业收入的比例达1.5%。

由总部统一制定科技战略规划，确定公司重点新技术、新产品研发方向，集中力量和资金对重要项目给予重点支持，同时鼓励和支持控股企业、分公司以及产品部等业务部门可根据技术提升、业务转型及产品开发等需求自主提出项目。

第二，建立研产销一体化运行机制，推进科技成果转化。为促进科技与经济紧密结合，加快科技成果产业化转化及推广应用，公司就此专门成立了总经理领导的研产销一体化运行推进小组，全面推动公司研产销一体化工作计划；针对公司产品结构调整、重点产品及技术开发等，成立了专门的研产销工作小组，进行纵向联合管理，明确各环节的职责与分工，打破各部门间壁垒，建立了统一的考核、激励机制，激活了公司研产销一体化运行机制，最大程度整合了公司资源，满足了公司当前战略转型发展的迫切需求。

第三，构建开放型研发支撑体系。中化化肥将公司的科技创新工作与国家的战略发展要求紧密结合起来，以提高自主创新能力和核心竞争力为目标，积极获取外部科技资源，与国内外科研院所广泛开展紧密的产学研合作，积极争取并承担国家和地方级项目研究开发工作；同时立足于公司产业基础，整合内外部科研资源，创建用基础研究、技术转化、工程设计和技术咨询服务于一体的高水平技术创新平台。目前公司已形成了应用基础研究、应用研究和现代农业技术集成于一体的开放型研发支撑体系，助推公司战略转型及产业升级。

第四，研发团队建设。中化化肥以农业应用技术、化工技术等行业共性、关键性技术项目为纽带，与中国农科院、南京工业大学、华南农业大学、西北农林科技大学、华中农业大学、中科院南京土壤所、中科院沈阳生态所、沈阳化工研究院、四川大学等科研院所建立了长期战略合作关系，通过设立院士/专家研究基金、科研基金及中化化肥奖学金等方式，整合科研人才、技术、设备等资源，加强与国内外科研院所及高等院校的横向合作，不断拓展产学研合作的深度与广度。

近年来，公司加大了对科技人才的培养及引进力度，启动实施了科技百人计划，通过外部引进和内部培养两种方式，建立了一支具备自主创新实力的、集农业、化工、生物、信息多学科领域交叉的科技创新人才队伍。

以市场为导向，推动产品创新

中化化肥集中市场、科研、生产及销售等各部门力量，成立了4P小组，全面分析国家宏观政策与环境，对比国内外先进公司及其先进科研成果等，再结合对公司内部控股企业、分公司及产品部等各业务部门的调查研究、综合分析及科学论证，提出并制定中化化肥总体产品发展规划。

整合公司内外产学研资源，企业和科研院校分工合作，企业关注市场调研及成果转化，院所专注于新产品研发，从源头推进院所科研项目来源于企业需求，引导科研院所研发工作面向企业产业化转化及应用；公司重视预研及项目立项环节，加强了项目整体策划管理，市场、科研、生产各环节协同，明确责任与分工，大量研发经费在预研或立项环节就被终止，80%费用能得到有效合理控制，减少浪费，最大程度降低了企业新产品开发的科研风险。

强化知识产权，加快核心技术创新

我国土壤有机质含量低，长期不合理施用化肥，引起的土壤板

结、土壤酸化、重金属污染加剧、土传病害导致的经济作物土壤连作障碍等问题也严重影响国家粮食安全的保障；此外，我国作物秸秆和畜禽粪便利用率低，每年造成相当于 4 000 万吨 NPK 纯养分浪费问题，中化化肥积极推进生物有机肥开发与应用推广，加强低品位磷、钾资源综合利用技术的开发与应用。

中化化肥强化知识产权保护工作，着力于核心技术开发，制定并发布了《知识产权管理规定》和《专利管理程序》等，规范了公司知识产权管理工作，促进核心技术的开发。目前，中化化肥在新产品开发方面已形成了五大系列新产品：提高氮素利用效率尿素改性系列产品；适用于水肥一体化技术的高端大量元素、中微量元素水溶性肥料；针对区域作物特点的专用型肥料，如水稻专用肥、速生丰产林杉木专用肥、草莓专用肥等；用于提高地力改善土壤环境的有机无机复合肥、生物有机肥；聚合磷酸铵等系列磷化工产品。

服务现代农业发展，推动先进农业技术集成创新

中化化肥作为国内最大的化肥供应商和分销服务商，肩负着中央企业的农业社会化服务责任，积极履行化肥行业“主渠道”的社会责任，坚持经济责任、社会责任的高度统一，积极为“和谐中国安全农业”服务。

公司坚持以自主创新为主，结合技术引进、合作开发等途径进行集成先进农机农艺技术，坚持走测土配肥、田间示范、技术推广、农化服务的道路，积极深入一线，努力摸索不同作物的种植服务方案，真正为农户创造价值，制定差异化的一揽子服务方案，打造“从种到收、种植专家”的形象；完善现有土壤培肥与退化土壤改良、作物抗逆与潜力激发、养分资源高效利用等领域的先进技术，推动成果在企业转化与应用，系统地解决农业生产中的技术问题。

创新优势，提升企业发展新高度

提升科技创新成果

中化化肥依托科技创新优势，与国家战略发展要求紧密结合，围绕国家粮食安全、资源利用率提高、农业社会化服务等，加强农业科技成果转化及应用推广，促进企业可持续化发展。近5年来，共承担国家、地方及国际合作科研项目17项，申报专利70多件，制定或参与制定国家和行业标准8项，获省部级及以上奖励9项，其中“大型料浆浓缩法磷铵国产化装置”获国家科技进步二等奖，“净化湿法磷酸新技术”获教育部技术发明二等奖。

公司以提供整体解决方案为龙头，优先发展区域作物专用肥和缓控释肥，局部区域重点发展水溶肥、中微量元素肥料，以改性产品与生物有机肥为有益补充，形成适应市场需求的新产品体系，自2010年以来，取得登记证的新产品共计12个。

推动农业社会化服务

中化化肥通过农化专家讲座、田间指导、测土配方施肥等多种服务形式，使农民不仅学到了科学施肥、科学用药知识，而且感受到了实实在在的科技增产效果。2007年，中化化肥与农业部共同组织开展了“百县千乡科学施肥指导活动”、“科技入户、情满中化”等大型惠农服务活动，通过科技赶集、进村入户指导等形式面对面指导农民科学种田。同时，公司还积极参加“基层农技推广体系改革与建设示范县项目”，与农业部共建科技入户示范村，使农民得到优质产品和全程科技指导的一揽子服务。

首先是知识传播。中化化肥建立了集测土配方、知识传播、现场指导的三位一体农化服务体系，以专家、技术和产品为载体，重点解决好科技服务最后一公里的问题。截至目前，中化化肥 400/800 专家服务热线累计服务农民 26 万次；中化农业广场听众超过 18 亿人次（图 1）。

图 1　400/800 专家服务热线与中化农业广场

公司积极组织专家、教授编写科学施肥手册、施肥“明白纸”等科普材料，拍摄《科学施肥系列片》，并通过“三下乡”活动将这些科普材料免费赠与农民，使农民朋友更直观易懂的学习和掌握科学技术，每年累计发放各类科普材料 600 多万份。为促进农技技术推广，公司还与农业部、中国农科院联合开展玉米双增二百活动，玉米王挑战赛测试最高单产每亩 997 千克。

2011 年中化化肥联合农业部科教司共同开展了一种创新型农业技术推广新模式——“农民田间学校”，把课堂开到田间地头，改变传统的农技推广模式，引导农民主动参与，把单一培训改为参与式培训，将农民由被动的“听”到主动的“学”，开办农民田间学校 129 所，年服务农民 3 万余户。

其次是测土配方。作为农业部测土配方施肥农企对接的首倡企业，中化化肥积极推进“配方肥下地”，成为国家测土配方施

图 2　双增二百玉米王挑战赛

肥工程参与度和认可度最高的企业，其中中化长山、中化涪陵、中化智胜和江苏分公司是农业部农企对接的重点单位，辽宁、山东、河北、河南、湖南、海南六家分公司是省级农业部门农企对接重点单位。

图 3　中化农民田间学校

2003 年起，先后与中国农大、中国农科院建立了中化化肥测土配方施肥科技中心，配置先进仪器设备，为农民提供免费测土服务，累计测试土样 2 万余份，服务农户 30 多万户，农户增产价值超过 3.5 亿元。中化测土配方施肥示范区内粮食作物平均增产 5%以上，经济作物平均增产 15%以上；每年在全国 1 900 多个农业县推广，惠及 1 139 万农户，累计增加社会价值 7.99 亿元；中化测土配肥应用区内每年可减少不合理施肥 20 多万吨，减少二氧化碳排放 136 万吨。

中化化肥山东分公司在大蒜之乡金乡提供测土配方施肥服务，经过实地测产，普通地块大蒜亩产仅 1 425 千克，而试验田亩产达到 2 187 千克，亩均增产 700 多千克，产量提高 53.5%。通过测土配方、套餐技术、下乡服务等活动，山东分公司一年服务土地 1 000多万亩、农户近 200 万户。

最后，是农业应用技术平台。为支持公司营销网络转型，专心服务现代农业发展，依据国家十二五“七区二十三带”的农业战略布局，分别和华南农大、西北农林科技大学等长期紧密合作，逐步布局并构建中化化肥特色的农业应用技术创新平台，引进、整合并持续优化作物种植方案，利用中化集团在种子、化肥、农药上的产品优势及中化化肥 2 100 家营销服务网点，通过试验示范、技术培训和重点种植大户的服务，解决配方肥、低毒农药、节水灌溉等高效农业技术落地问题。

图 4　金乡大蒜示范田

持续创新，引领全球竞争新格局

中化化肥秉承“诚信、合作、善于学习，认真、创新、追求卓越”的企业精神，倡导“以增值服务为客户创造价值、以客户满意为公司创造价值”的经营理念，推动公司“服务产业的科技创新战略”，以科技服务产业为核心，实施以市场为导向的研产销一体化运行，实现科技支撑产业发展的可持续化发展。

创新发展，让世界感受金正大的中国力量

金正大：用“肥力”推动现代高效农业

山东金正大生态工程股份有限公司（以下简称“金正大”）成立于1998年，主要从事复合肥、缓控释肥、磷化工产品及其他新型肥料研发、生产和销售。现有总资产68亿元，年生产能力600万吨，在全国建有10个生产基地，并在北京、济南、美国华盛顿等地设有研发机构。公司复合肥、缓控释肥产销量连续四年稳居行业第一名，是全球最大的缓控释肥生产基地。2010年，公司在深圳证券交易所正式上市（股票代码002470），2012年实现销售收入102.5亿元。

金正大现有职工7 000余人，其中研发和技术推广人员840人，占员工比例的12%。公司通过持续的创新投入，不断提升自主创新能力，每年的科技经费投入占销售收入的3%以上，在缓控释肥等新型肥料产品开发、工艺技术装备、质量标准等方面掌握了核心自主知识产权。目前已建有涵盖缓控释肥、硝基肥、水溶性肥料等代表我国新型肥料发展方向的完整的高端产品线。共可生产用于水稻、玉米、小麦等主要农作物以及蔬菜、果树等经济作物的12大类100余种专用复合肥、缓控释肥产品以及硝基复合肥、水溶性肥料，以满足不同地区、不同作物需求，达到平衡施肥和养分

综合利用的最佳效果。

金正大是国家重点高新技术企业和国家创新型企业，缓控释肥料行业标准与国家标准起草单位，全国缓控释肥产业技术创新战略联盟理事长单位。公司企业技术中心为国家认定企业技术中心，建有国家缓控释肥工程技术研究中心、复合肥料国家工程研究中心、土壤肥料资源高效利用国家工程实验室、农业部植物营养与新型肥料创制重点实验室、博士后科研工作站等高端研发平台。还先后承担了“十一五”、“十二五”国家科技支撑计划和国家星火计划、国家火炬计划、国家重点新产品计划等30余项国家级和省级重大科研项目，拥有发明专利155项，并荣获国家科技进步二等奖2项、山东省科技进步一等奖2项，同时荣获国家重点新产品、中国驰名商标等荣誉。

从1998年80万元起家，到2012年总资产68亿元、销售收入102.5亿元，金正大的崛起令业内刮目相看，金正大的发展速度成为业内的一个传奇。人们不禁好奇，究竟是什么“力量”支撑金正大从一个名不见经传的化肥小厂成长为拥有两个国家级研究中心、销售过百亿、成功登陆资本市场、建有10个生产基地、年生产能力达600万吨的领军企业呢?

答案正如董事长万连步所说：“科技创新是金正大发展的根本动力。公司地处肥企众多、市场纷争的齐鲁大地，在既没有资源优势、又没有资金支持的情况下，我们唯有依靠不断的创新，来赢得生存和发展先机。可以说，创新就是金正大的法宝和力量之源”。

调整思路，开辟企业战略新“蓝海”

创新，国家之本，企业之魂，在肥料行业大多数企业还在拼命扩大产能，通过价格竞争来挤占市场份额的时候，金正大就已经开始调整思路，另辟“蓝海”，通过致力于科技创新，将目光聚焦在国际领先技术的产品上，走产学研合作之路，来开辟新的市场空间。从国内最先开始研发缓控释肥产品，并将其成功应用于大田作物，再到发展硝基肥、水溶肥等产品，金正大的每一项产品的开发都抢先市场一步。

发展缓控释肥：金正大脱颖而出

1998 年，金正大在临沭成立，在当时单质肥一统天下的时代，金正大引进先进的多元复混专利技术进行规模生产，在化肥市场占有了一席之地。2002 年，当传统复合肥领域处于上升时期，国内市场群雄逐鹿的时候，金正大决策层并未把眼光局限于利润丰厚、热火朝天的复合肥市场，而是把主要精力倾注到研究中国未来农业的发展趋势。经由大量的调研分析，金正大公司董事长万连步意识到，中国肥料产业必须走资源节约、环境友好、增产增效的现代化之路。

2001 年，万连步带领金正大公司科研人员在考察欧洲市场时，看到一种名叫“缓控释肥”的产品，它可以根据作物生长需求释放肥料养分，利用率高达 60%以上。而我国传统的化肥利用率却相形见绌，最高尚不足 40%。一打听，这个技术高端的产品价格更“高端”：比普通化肥贵 10 倍以上，被称为“贵族肥料”！

由于国外一直对缓控释肥技术采取封锁和垄断，金正大把“借梯上楼”作为弥补自身技术先天不足的有效途径，积极采取“内引外联”的办法，自 2002 年起，金正大就联合山东农业大学进行缓控释肥的开发，从改变化肥本身的特性来提高肥料的利用率入手，大胆探索和创新，一举破解了困惑研发领域多年的难题——缓控释肥机理研究、缓控释肥包膜材料开发、缓控释肥包膜工艺和缓控释肥包膜技术创新，奠定和形成了我国具有自主知识产权的缓控释肥生产工艺体系，并研制出了一套适合国内大批量生产的包膜控释肥生产新工艺，创建了热固性树脂、热塑性树脂、硫和硫加树脂三套不同包膜材料和工艺的缓控释肥生产线。2006 年经山东省科技厅组织专家鉴定，金正大公司缓控释肥关键技术及产业化已经达到国际先进水平。

公司缓控释肥产品控释时间包括 3 个月到 18 个月的上百种系列产品。同时，实现了包膜控释肥关键技术的集成与产业化目标，生产的控释肥产品已出口澳大利亚、德国、美国、马来西亚、日本等国家，得到同行专家和用户的充分认可和肯定，在国内 20 多个省市 30 多种作物上已累计推广施用面积 6 000 余万亩，为农民新增经济效益约 150 亿元。在社会效益方面，金正大还研发了缓控释肥使用量、施用期和施用方法等高效应用技术，有效提高化肥利用率 10～15 个百分点，并初步构建了缓控释肥对环境效应评价体系，如太湖流域的研究，施用缓控肥氮素总损失可降低 15～25 个百分点，有效降低了面源污染。

从 2006 年 3 月第一条缓控释肥生产线建成投产，到 2013 年年产能 170 万吨，金正大已成为全球最大的缓控释生产基地。金正大还重点研究了不同气候、土壤、作物条件下的缓控释肥养分释放模式、土壤供肥特性和作物需肥规律即同步营养相结合的施用技术，使缓控释肥应用更安全、生态、环保。金正大从传统肥料向高端新型肥料发展，在肥料市场脱颖而出，成了肥业科技先导者。当人们提到缓控释肥，首先想到的就是金正大，金正大成了缓控释肥的代名词，并于 2010 年以中国缓控释肥第一股的身份成功上市。

锁定高端肥料：金正大步入跨越式发展

金正大成功上市之后，其自身的发展平台、整合各方资源的能力都发生了变化，企业又将如何实现可持续发展呢？金正大决策层经过深入分析后提出，要发挥资本优势，由原来的单一的肥料二次加工逐步向产业链上下游延伸，通过掌握资源降低生产成本。同时依靠技术创新，进一步加大产品创新步伐，实现复合肥、缓控释肥的升级换代，并向高端肥料方向发展。这些想法最终被凝练成了“成为世界级高端肥料的供应商和受人尊重的农化服务商”的长远发展目标。

虽然我国复合肥产能严重过剩、产品同质化严重，但高端的硝基复合肥和水溶肥产品却有很大的发展空间。据了解，蔬菜、玉米、烟草、油菜籽的种植面积已达到 50 000 万亩，根据相关农业技术指标，上述经济作物对硝基复合肥的需求量约为 3 000 万吨。此外，随着人多地少、干旱缺水、高耗肥料等问题的日趋严重，大力发展灌溉施肥和节水高效农业，推广水肥一体化新技术，已是刻不容缓。水溶肥以其节约、高效具有广阔的市场发展空间。

2011 年 3 月，金正大在山东菏泽投资 36 亿元，启动 120 万吨硝基复合肥项目建设。

2011 年 8 月，金正大在贵州设立子公司，投资 59.6 亿元，打造磷资源循环经济产业园，中低品位磷矿开发利用、硝基复合肥、水溶性肥等作为重点项目。

2012 年 7 月，金正大 60 万吨硝基肥项目投产。

2012 年 12 月，金正大与全球灌溉领域的领导者以色列耐特菲姆公司建立战略合作，打造中国水溶肥第一品牌。

2013 年 3 月，金正大在山东临沭投资 2.2 亿元建设 10 万吨/年水溶肥项目。

目前，随着硝基肥、水溶肥及磷化工产品等新品的不断推出，金正大依靠科技创新调整产品结构，已初步形成了缓控释肥、硝基肥、水溶性肥料等代表我国新型肥料发展方向的完整的高端产品线，顺应了我国现代农业发展的新形势。成功实现了向“资源有依靠、技术有优势、服务有特色”的综合一体化化工企业转型。相信随着产业链的延伸和新型肥料产能的不断释放，金正大在技术、资源和成本方面的优势将更加凸显，公司已步入跨越式发展，并快速向实现高端肥料的供应商目标迈进。

内外结合，打造企业突围“生命线”

创新是企业进步的生命线。而技术创新是企业赢得竞争的重要因素，也是保持企业不断发展的动力之源。金正大通过整合国内外资源、开展产学研合作、搭建国内一流的研发平台，承担多项国家级和省部级科研项目等，不断提高技术创新实力和水平。金正大的技术创新模式，是“引智”和自主创新的完美结合，是行业内推动技术进步的典范。

产学研合作，借助外力加快技术创新

技术创新涉及多学科、多领域，甚至前期不可预知的资金投入。金正大自2002年开始缓控释肥开发时，就确定了产学研合作的战略体系。通过与高校、科研院所开展合作和引智，缩短研发周期、减少先期创新投入和经营的风险。沿着产学研合作的思路，公司联合山东农业大学进行缓控释肥的开发，通过“小试—中试—产业化技术平台—工业化大规模生产”多项研究创新成果的集成，创建了“科研开发—生产制造—试验示范—技术应用—大面积推广”产、学、研相结合应用研究与创新和科技成果快速转化的研发模式。

金正大和山东农业大学合作为公司走产学研之路开启了良好的开端。不仅在缓控释肥研发、生产及技术创新方面开展了产学研合作，而且在新产品推广、应用方面金正大也广泛与科研院所合作，为大面积推广应用到大田作物提供技术和数据支撑，成了产学研合作的典范。目前已与山东农业大学、中国农业大学、浙江大学、国家杂交水稻工程技术研究中心等国内40余家高校、科研院所建立了紧密的科研合作关系，通过整合外部科研资源，

走出了一条“引进—消化吸收—创新提高”的产学研道路。同时，金正大还积极参与国际合作研究推广缓控释肥，目前已与美国康奈尔大学、佛罗里达大学、明尼苏达大学等6所高校和美国农业部3个试验站建立了长期合作关系，共建了13个试验示范基地，在水稻、马铃薯、苹果等作物上开展缓控释肥的应用研究。通过国际的交流互访和试验研究，金正大得以及时发现自身和国际同行的差距，最终在缓控释肥上实现由“追赶者”向“领跑者”的转变。

近年来，随着产学研合作的进一步深入，产学研合作项目和类型也根据不同情况，从技术转让、委托研究、联合攻关、共建科研教学基地、人才培养与交流、科研平台建设各个层面加以实施；在产学研合作过程中逐渐形成了风险共担机制、利益共享机制、激励机制、多元化投入机制、长效持续机制等良好的机制。由于金正大在产学研合作方面体现出范围广、层次深，形式多、机制活，投入大、成果丰等特点，2011年和2012年，金正大分别获得了“山东省产学研合作创新突出贡献企业”和“中国产学研合作创新奖”荣誉称号。

图1　公司与中国农业大学、山东农业大学、中科院南京土壤所及国家杂交水稻工程技术研究中心等单位签署战略合作协议

多年来，金正大不断加大研发力度，以市场为导向，探索新技术、新工艺、研发新产品，技术创新取得一个又一个突破。其产学研合作也不断加强，不仅提升了企业自身技术创新实力，也推动我国肥料行业技术升级与进步，带动我国肥料产业参加国际竞争，不断提高国际竞争力。

搭建开放式综合研发平台，打造技术创新“孵化器”

实现创新，平台和支点至为重要。金正大通过科技创新战略的实施，研发能力不断增强，建设了一批高层次的研发平台，抢占行业发展制高点，勇做化肥产业发展龙头企业。

2008 年 6 月，人力资源和社会保障部批准公司成立博士后科研工作站。2009 年 10 月，金正大申报的“国家缓控释肥料工程技术研究中心”项目得到国家科技部的批复，这是我国肥料领域唯一的国家缓控释肥研发平台。中心组建三年来，承担了“十二五”国家科技支撑计划等 12 项省部级以上科研项目，获得授权发明专利 62 项，并通过技术转让、委托开发等形式将研发成果转化，形成了技术研发、成果推广、效益反馈的良性循环模式，实现了“中心”自我发展。同时，“中心”还加强与国内外高校、科研院所的交流与合作，在人才团队培养建设、学术交流、国际影响力等方面都取得明显成效，为推动缓控释肥产业健康快速发展发挥了积极作用。

2009 年 7 月，山东省科技厅批准金正大成立“山东省院士工作站”，袁隆平院士、朱兆良院士为首批合作院士。

2010 年 1 月，金正大牵头发起成立“全国缓控释肥产业技术创新战略联盟”获国家科技部批准，并成为联盟的理事长单位和秘书长单位，进一步确立了公司在缓控释肥领域的科技先导地位。“联盟”集聚了产业主要科研、生产和推广方面等成员单位 20 个，形成联合开发、优势互补、利益共享、风险共担的合作组织方式，构建了产业技术创新链。并通过共同承担“十二五”国家科技支撑计划课题等形式，构建产业技术创新平台、服务广大中小企业，落实国家自主创新政策。目前，联盟内成员已实施专利许可8项，对外辐射13个生产基地，充分发挥行业技术创新引领和带动作用。联盟还制定产业技术创新路线图，形成《缓控释肥产业“十二五”科技发展规划》提交科技部，为政府部门决策提供参考。

2010年6月，公司与美国佛罗里达大学签约，共同成立“中美缓控释肥合作研究中心”。

图2 国家缓控释肥工程技术研究中心

随着2010年9月成功上市，金正大进一步加大了研发平台的建设。2011年，国家发改委批准以金正大为依托单位组建复合肥料国家地方联合工程研究中心。

这是继2009年获准组建国家缓控释肥工程技术研究中心以来公司组建的第二个国家级研发平台，金正大将根据国内外复合肥料领域的发展趋势、发展需求以及国内市场需求，结合我国现有的基础和优势，研究制约产业发展的关键共性技术，带动企业在技术集成基础上进行工业化生产技术体系的创新，促进企业产品不断更新换代，为行业科技成果转化起到示范带头作用。

此外，国家发改委还批准公司与山东农业大学等单位共同筹建“土壤肥料资源高效利用国家工程实验室”，充分展示了其行业科技先导者的形象与实力。2013 年 8 月，公司又获准承担建设“农业部植物营养与新型肥料创制重点实验室”。农业部实验室不仅旨在提升金正大自身科技创新实力，同时还肩负着促进我国肥料行业技术进步、提升植物营养与肥料学科发展水平的重任。

至今，金正大借助上述高端研发平台，先后承担了国家科技支撑计划、国家农业科技成果转化资金项目、国家星火计划等 30 多项国家级和省级科研项目，参与起草或修订 8 项行业、国家和国际标准；获授权专利 162 项（其中发明专利 155 项），获国家科技进步二等奖 2 项、山东省科技进步一等奖 2 项、三等奖 2 项，并在复合肥、缓控释肥、水溶性肥料及磷化工领域储备了一批领先的技术和新产品。目前，金正大已经抢占了行业发展制高点，成为我国新型肥料研发的一面旗帜，事实证明，金正大搭建起的这些高层次、开放式研发平台，发挥出了巨大的“杠杆效应”，成为技术创新的“孵化器”，正日益激发企业的创新活力，成为原始创新、集成创新和引进消化吸收再创新的重要保障与持久动力。

国家科学技术进步奖
证书
为表彰国家科学技术进步奖获得者，特颁发此证书。
项目名称：缓控释肥技术创新平台建设
奖励等级：二等
获 奖 者：山东金正大生态工程股份有限公司
证书号：2012-J-206-2-04-D01

国家科学技术进步奖
证书
为表彰国家科学技术进步奖获得者，特颁发此证书。
项目名称：新型作物控释肥研制及产业化开发应用
奖励等级：二等
获 奖 者：山东金正大生态工程股份有限公司
证书号：2009-J-251-2-01-D02

图 3　2009 年和 2012 年两次获国家科技进步二等奖

多管齐下，全面提升企业创新效率

短短几年时间，金正大取得了丰硕的科研成果、专利技术和荣誉，喜人的数字背后，隐藏的是金正大科学完善的创新机制。金正大从超前的人才规划、高效的组织方式、开放的科研环境、共享的知识平台、全员的创新氛围、长效的动力保障六个方面，着力构建了有利于多出成果、快出成果的科技创新环境，确保始终做到技术领先生产、科技引领发展。

人才是创新的根本

公司不断实施以引进、培养、激励为主的创新人才机制建设。（1）在人员吸纳上，实施“不求所在、所有，但求所用、所为”的柔性人才引进政策，并利用多个开放式的科研平台集聚人才、培养人才，优化人才队伍。（2）在人员培养上，建立“以需求为导向的培训模式”，根据专业技术、经营管理、技能操作三类人员的不同特点和持续技术创新的需求，实施有针对性的培训；同时开展四结合培养模式：即自学与继续教育相结合、研发与生产实践相结合、内训与外训相结合、请进来与走出去相结合的培养模式。（3）在人才激励上，建立“多位一体”的激励机制。①建立“岗位工资为主体，项目奖金为激励、特殊激励为补充”的多元化薪酬激励模式；②制定了《科学技术奖励办法》，创新提案奖、青年创新奖、重大创新奖、成果转化利润提成奖等，已向科技人员发放奖励金额 330 万元；③实施《长期激励计划》：核心研发人员享受股权激励；④建立三通道职业发展体系，拓宽人才成长渠道；⑤实施科研基金、学历提升计划、出国培训进修、带薪休假、学位补贴、购房补贴、购车补贴、授予荣誉称号等激励措施。

同时，公司外聘 19 名知名专家（国外专家 7 名）作为平台的特聘顾问或客座研究员，国内外200名专家承担了公司的科研任务，逐步建成了一支人才结构合理、学历层次高、专业技术面广、技术能力强的科研队伍。正是通过人才引进、培养和长期激励机制的打造，最终让智慧得以迸发力量，让企业得以持续快速发展。

投入是创新的保障

为了保障创新的持续运行，公司形成了持续稳定的研发投入机制。以企业自有资金为主，政府政策资金带动为辅，公司每年固定将销售收入的3%作为科研投入基金。从2009—2012年期间，共投入研发经费约9亿元。持续大量的研发投入使公司完成了一大批科技项目研发和成果转化，增强了企业技术储备，形成了产业，产生了效益，并将其收益的一部分转化为新的创新投入，形成了"投入—创新—市场—效益—投入"的良性循环。目前公司已建成20 000平方米科研、试验场所，拥有先进的仪器、设备450余台（套），科研仪器及装备设施在行业内处于一流水平。

文化是创新的源泉

通过长期积累、沉淀，公司确立了"诚信、创新、责任、共赢"为核心价值观的企业文化，形成了"鼓励创新、全员参与、敢于创新、宽容失败"的创新文化。

①通过建设学习型组织，实施合理化建议、创新提案奖、技术创新月、自由创新团队等活动，创造了"人人创新、处处创新、时时创新"的鼓励全员参与创新的文化氛围；②设立科研风险基金，实行研发项目"成功有奖，失败免责"，鼓励员工敢于创新，塑造了宽容失败的创新文化；③通过实施"员工生日祝福"、"亲情工资"、"健康工程"、"职工子女助学金"等系列福利措施，建设具有特色的金正大"家文化"和"感恩文化"，使广大员工始终凝聚在

一起；通过“企业文化报”、“企业文化集”、标语宣传栏及网站等形式，不断宣传落实创新文化精神，使创新的观念深入人心，并体现在员工的一举一动中，成为推动企业创新发展的强大驱动力。公司在文化建设方面先后获得“全国模范职工之家”、“中国石油和化工行业企业文化建设先进企业”、“临沂市企业文化与科技创新先进单位”。

市场导向：“制造”向“制造+服务”的战略转型

在农资行业大浪淘沙的市场中，未来的竞争将是终端的竞争，终端的竞争在很大程度上将是服务的竞争。金正大清楚地认识到，在产品质量与品牌影响旗鼓相当的情况下，只有服务才是市场突围的关键所在。根据现代农业发展趋势，金正大把服务营销上升到战略高度，提出了“技术先导、服务领先”的核心经营战略，通过打造全新的农化服务模式，树立行业服务新标杆，从而实现由传统制造商向“制造+服务”的转型。

借势而为，全面开启农化服务新模式

金正大通过与山东农业大学、中国农业大学、国家杂交水稻工程技术研究中心、中国科学院南京土壤研究所、中国农业科学院及各省农科院开展合作，在全国广泛开展缓控释肥的试验示范与应用研究等公益性服务工作，通过开展免费测土、配方施肥、试验示范、培训讲座、现场观摩、现场指导等农化服务，开创了缓控释肥推广与服务的新模式，促进了缓控释肥的推广应用。

2008 年起，农业部全国农业技术推广服务中心联合金正大进行了五年缓控释肥示范推广，全面启动农化服务模式创新工作。金正大在全国农业技术推广服务中心的指导与协调下，利用各省土肥

站遍及县乡的农技服务部门这一网络与技术优势，同时紧密依托国家缓控释肥工程技术研究中心的技术力量，以金正大农化服务中心为主导，组建涵盖农业生产各领域的200名顾问和专家团队，在全国成立500个农化服务队、上万台种肥同播机，结合测土配方施肥，为全国农民朋友提供免费的缓控释肥“种肥同播”技术服务，同时通过建立示范田，召开现场观摩会、培训会和开展田间指导以及形式多样的宣传活动等，形成了从“免费测土—配方施肥—试验示范—现场培训—种肥同播—推广应用—现场指导—现场观摩—现场测产”的缓控释肥推广与服务新模式，打造出了国内领先的全新农化服务模式，推动了缓控释肥的大发展，促进了粮食增产、农民增收。

借网营销，邮政服务“三农”进万家

2006年起，金正大公司与中国邮政集团公司共同发起“绿色邮政金大地，服务三农进万家”活动，公司利用中国邮政这一金字招牌和遍及乡村的网络优势，配合其建立健全县、镇、村三级邮政“三农”服务站，实施送货上门服务，使农民足不出户，便可享受邮政快捷、方便的服务。

在此基础上，公司一方面组织农业专家在全国进行巡回技术培训与指导，定期对各个县（市）局的配送员进行农技知识、产品知识、企业知识、营销知识等培训，使其为广大农户提供专业农化技术指导和服务奠定基础。另一方面，通过与中邮物流共同举办测土配方万里行、农资配送与科学施肥知识大赛、“金大地村”建设、“金大地讲堂”等系列活动，努力打造“邮政服务三农”与“金大地科技肥料”两块金字招牌。借助邮政物流遍布全国乡村的网络体系，目前，公司已与25个省区市的335家邮政物流企业建立了长期合作关系，成为与中国邮政合作最大、最紧密的化肥企业。

特色服务，打通农化科技到田“最后一公里”

通过开展特色化的驻点营销服务，金正大对重点客户（经销商）进行了系统的销售管理和市场服务，建立起以2 000多个县级经销商为中心、辐射数万个销售网点的营销体系，打造出了“点对点”一站式的综合服务平台，建立了专业的农化服务体系。公司针对不同的区域，投入不同的驻点营销、农化服务资源，帮助经销商开拓新业务。为此，金正大公司通过建立新型肥料示范村、示范户、示范田和提供一站式的农化服务，打通农化科技到田最后一公里。

金正大通过实施“服务领先”策略，经过多年的用心探索和服务下沉，坚持肥料卖到哪里，技术服务就跟踪到哪里，努力让广大农民朋友科学施肥、合理用肥，引导中国农民的用肥革命，多年来逐步形成了一个全国性的试验、示范、服务网络。专家们认为金正大在创新农业社会化服务体系的实践是成功的，已形成了具备服务理念、服务体系、服务网络、服务产品的“四有”现代农资企业。

金正大生于创新，成长于创新，发展于创新，通过实施自主创新工程，承担起推动行业技术进步和产业发展的责任。今后，底气十足的金正大人，将继续高举创新传承之火炬，朝着“世界级高端肥料供应商和受人尊重的农化服务商”的目标奋进；继续坚守“帮助农民增收、促进农业发展”的庄严承诺，为实现中国农业现代化梦和农民富裕梦而不懈努力！

• 中牧股份

以创新驱动引领发展　全力打造“科技硅谷”

中牧实业股份有限公司（以下简称“中牧股份”）于 1998 年 12 月成立，是国有股份制上市公司，上级主管单位是中国牧工商（集团）总公司（以下简称“中牧总公司”），实际控制人为隶属于国资委管理的中国农业发展集团有限公司。中牧股份现拥有兽用生物制品厂 8 家、兽用化药厂 6 家、饲料厂 6 家，在职员工 3 700 余人，兽用疫苗年生产能力居全国首位，连续多年保持国内市场销售第一，部分兽药和疫苗产品远销印尼、埃及、越南、蒙古等多个国家。

图 1　中牧研究院实验大楼

公司是北京市高新技术企业、农业产业化国家重点龙头企业和国家认定企业技术中心。2011 年 5 月获批为博士后企业流动工作站，2013 年 5 月被北京市科委认定为“北京市兽用多肽疫苗设计与制备工程研究中心”，2013 年 8 月荣获“农业部兽用生物制品与化学药物重点实验室”资质。

肩负责任　勇于创新

自成立以来，中牧股份一直重视科技创新，始终致力于新型、环保、安全的动物保健品和动物营养品的研发。公司技术中心设有面向生物制品、化药、饲料等不同方向的四个专业研究所，近 6 700平方米的中牧实验大楼于 2012 年正式投入，研发平台设施进一步完善；通过加大高端人才引进力度，公司已形成了以学科带头人为核心，科研骨干、专业人才和科研辅助人员梯次配备合理、专业互补的研发人员结构；公司产学研合作体系逐步深化，已与行业内十余家知名科研院校通过组建联盟、产品开发、人才交流等方式建立了稳固的合作关系。公司作为国家试点企业先后组织国家“十一五”科技支撑计划项目 2 项（总经费 1.46 亿元），主持和承担国家科技支撑计划课题、863 计划课题、国家农业科技成果转化项目等共计 20 余项，获得国拨经费 3 000 余万元。2010—2012 年共完成 10 个产品的开发，其中获得新兽药证书 7 个、批准文号 6 个，获得发明专利受理 18 项，授权 10 项，荣获北京市科技进步二等奖 1 项、国家重点新产品 3 项。

科技创新是企业发展的不竭动力，有利于企业在市场竞争中始终占有竞争优势。敢不敢创新，能不能创新，关系到企业发展目标能否顺利实现，关系到企业的兴衰存亡。作为中央企业，中牧股份在国家政策的引导下，结合企业实际，不断推进技术创新，提高自主开发能力，实现重点突破，增强企业综合竞争力，引领国内畜牧产业，提升了畜牧业的整体发展水平，与国际接轨，加快国内畜牧业发展，为建设创新型国家做出了突出贡献。

图 2 公司技术骨干赴台与屏东科技大学兽医系专家交流

体制改革 资源整合

中牧股份始终高度重视技术创新工作，科技投入稳定增加，制定了以兽用生物制品为主体、以饲料添加剂和化药为两翼、打造中国畜牧业第一安全品牌的战略目标，并一直把科技创新战略作为企业发展战略的核心内容来抓，通过各种方式开展新产品、新工艺、新技术的研究。2008 年制定了《中牧股份科技创新发展战略规划(2009—2013 年)》，2010 年在集团总战略目标指导下，针对《科技创新战略》进行修订和完善。2012 年根据企业两年来的发展情况，结合行业主管部门最新发布的《国家中长期动物疫病防治规划(2012—2020 年)》，对《中牧股份科技创新发展战略规划（2011—2015 年)》内容进行了修订，进一步细化制订了《中牧股份生物制品产品研发规划（2012—2015 年)》，明确了近几年兽用生物制品类新产品、新工艺和新技术的研发内容、目标和计划。同时，在市场调研的基础上，2012 年制定了《中牧股份兽用化药产品开发规划》。进一步明确了研发平台、产品开发、核心技术、科技人才队伍建设等方面的目标、任务和重点。

2012 年随着研发平台建设的深入和项目的不断开展，在中牧股份科技创新发展规划的指导下，在 2011 年度科研管理制度框架的基础上，中牧股份继续完善并推进科研管理制度建设，在机制上大胆突破，重点突出研发项目负责人负责制、中长期激励机制建设、加强研发过程管理等方面，以激励各级科研人员早出成果，多出成果。制定项目责任制，逐步推行项目负责人制的工作模式。2012 年在向国内同行业知名科研院所以及优秀企业研发机构研发责任制调研学习的基础上，起草了《研发项目负责人制实施办法》。该办法明确了项目负责人的责、权、利，理顺了项目负责人与公司、研究所、项目组成员之间的关系。

加强中长期激励机制建设，启动构建具有激励性的薪酬结构。通过学习相关院所有效经验并结合实际情况，2012 年公司以研发项目的考核为依据，建立研发人员“按劳分配“的薪酬管理办法以及短中长期相结合的激励机制，起草了《研发项目考核与绩效奖励分配暂行办法》、《研发人员薪酬管理办法》、《科技成果奖励办法》。办法重在对研发人员的分配机制做出合理调整，以研发成果带来的效益奖励作为中长期激励方式，进一步提高研发人员科技创新的主动性和积极性。为规范工艺改进项目管理，公司还进一步修订完善《中牧实业股份有限公司工艺创新管理办法》，对工艺改进项目的申请、立项、监督、实施、结题、奖励和经费使用等各方面进行了规范，奖励向一线科研人员倾斜，大力鼓励基层创新。这些管理办法和制度将为公司的科技创新活动提供更加有效的保证。

中牧股份坚持以市场为导向，在建立健全技术创新体系的同时，积极与高校、科研机构及其他企业进行技术合作，引进成熟的科技成果，解决公司产品技术短缺问题。截至目前，公司已与扬州大学、华中农业大学、中国农业大学、四川农业大学、中国兽医药品监察所、中国农业科学院哈尔滨兽医研究所、军事医学科学院兽医研究所、中国农业科学院生物技术研究所等多所院校、科研院所通过联合、委托、引进等多种形式开展新产品、新技术的合作开发。

2012 年，中牧总公司与中国农科院哈尔滨兽医研究所、中监所、中国农大、上海启盛公司等单位开展研发合作，签署了“鸡新支法三联疫苗”、“重组禽流感—鸭瘟活疫苗”、“禽网内亚单位疫苗”、“猪腹泻三联活疫苗”、“PRRSV 非结构蛋白抗体检测试剂盒”、“羊三联四防疫苗”、“布鲁氏菌基因缺失苗”、“腹泻二联活疫苗”、“圆环细小二联灭活疫苗”等新产品合作协议，并委托大学进行试验两项，不断丰富公司产品种类。公司还引进河北宇泽化工科技有限公司的黄霉素新技术、AIV 新技术，黄霉素新技术产业化已完成。与南京农业大学开展了生物制品、化药及饲料板块的研发战略合作洽谈，并针对其提出的合作项目进行了立项初步评估。另外，公司与华中农业大学合作开发的猪圆环病毒 II 型灭活疫苗，获得了国家三类新兽药证书。

2013 年公司开展的对外合作项目共计 12 项，在获得了一批市场价值高、经济效益显著的产品的同时，增强了公司自主创新能力。为了加强企业科技创新建设，加大产学研合作，研究院与台湾瑞宝公司进行了合作洽商，对上海启盛生物科技有限公司进行了项目调研考察。此外，2013 年，公司对美国弗吉尼亚大学及我国台湾清华大学进行实地考察，对口蹄疫、蓝耳病、猪瘟基因工程亚单位疫苗的前期合作进行了洽谈。

只争朝夕　时不我待

在“建设创新型国家”和“构建以企业为主体的技术创新体系”的国家发展战略指导下，中牧股份各级领导始终高度重视科技创新工作，逐步建立了多个研发机构，科技投入稳定增加。2010

年公司科技投入 10 188.5 万元，其中研究开发费用支出 4 850.4 万元；2011 年公司科技投入 8 198.5 万元，其中研究开发费用支出 7 700万元；2012 年公司科技投入 10 343.6 万元，其中，研究开发费用支出 8 895.2 万元，研究开发费用逐年提升。

为了加强企业的科技创新能力建设，2009 年 10 月总公司整合中牧股份技术中心、兽药研究所和乾元浩研发中心成立了中牧研究院，并根据公司的主营业务需要设立了生物制品研究所、化药研究所、饲料研究所和工艺技术研究所，以及科研管理部和综合管理部，开展兽用生物制品、化药、饲料三个板块的新产品研发、品质提升、生产工艺改进和研发管理。经过近 4 年的运行，研究院在研发制度建设、人才队伍建设、研发平台建设方面取得了显著进展，获得了丰硕的科研成果。为了加强中牧研究院的研发工作与市场、产业紧密结合，2013 年 7 月总公司决定将中牧研究院整建制划归中牧股份。

图 3　中牧研究院的合成实验室

目前，中牧研究院办公和科研实验室集中于总公司出资购置的中关村环保科技示范园（简称“环保园”）内的两栋中牧实验大楼内。该实验大楼总建筑面积为 6 686.76 平方米，设有病毒室、细菌室、细胞室、免疫室、多肽合成室、化学合成实验室、工艺技术实验室、营养分析室、饲料添加剂室、多肽合成中试车间及微生物发酵小试车间等40多个实验室，已于2012年3月投入使用。实验大楼的基础建设投资累计达1.02亿元。随着各研究所实验室的仪器设备逐步到位，硬件基础设施已能基本满足实验室科研需求。

研究院拥有各类大中型仪器设备50余台套，价值3 000余万元。其中9台研发型多肽合成仪器设备、4台套中试多肽合成仪器设备；液质、液相、气相等10余台套检测分析仪器设备；30余台套免疫鸡分子生物学仪器设备，包括荧光定量PCR仪、普通PCR仪、凝胶成像系统、高速冷冻离心机、荧光倒置显微镜、抑菌圈自动测量仪、紫外分光光度计、生物传感分析仪等，能够独立开展分子生物学、免疫学、细胞学、常规检验等生物技术工作。

中牧股份自主创新能力进一步提升，重点围绕动物用生物制品等主业大力推进成果的转化及产业化工作，口蹄疫疫苗悬浮培养生产工艺产业化，悬浮口蹄疫O型、亚洲Ⅰ型二价灭活疫苗实现批量生产；口蹄疫新型毒株疫苗“猪口蹄疫O型灭活疫苗（O/GX/09－7株+O/XJ/10－11株）”投入量产，出口老挝、缅甸等多个东南亚国家；中牧股份成都厂和江西厂猪瘟淋脾毒耐热保护剂活疫苗获得农业部批准的生产文号；三类新兽药新支流三联灭活疫苗实现产业化并上市销售。新产品的产业化应用为公司带来了可观的经济效益。

作为企业的科研院所，“十一五”以来，中牧研究院完成了“新型动物药剂研制与应用”、“动物疫苗关键生产技术研究与开发”2个国家“十一五”科技支撑计划项目的组织实施工作，项目总经费共计1.46亿元。同时还主持承担了14个“十一五”国家科技支撑计划课题、3个国家“863”计划课题、3个国家农业科技成果转化资金项目，目前结题16项、在研4项。2013年，研究院已获得新兽药证书1项，完成变更注册6项；获得授权专利7项，受理专利9项。

图 4　中牧研究院的发酵中试车间

人才战略　重中之重

人才是科研的根本。为了推动中牧股份科技跨越式发展，公司采取多种方式开展研发团队建设，加强人才引进和培养。积极利用国家“千人计划”和企业博士后工作站、公开招聘等各种方式引进生物制品方向的首席科学家，以及生物制品、化药、饲料方面的学科带头人等高端人才。同时根据研发项目开展需要，制定人才培养计划，以尽快形成专业结构搭配合理的人才队伍。

聘任中国农业大学动物医学院院长汪明教授兼任研究院院长，并从国外引进了动物营养首席科学家晨光博士。他们的加入，为公司的发展带来了新思维，有力地推动了中牧股份科技创新工作的开展。

积极洽谈相关领域学科带头人和博士后入站招聘工作。2013 年，研究院通过博士后工作站成功引入一名生物制品方向学科带头人，为研发团队建设工作做出了积极的贡献。2012 年中牧研究院共招聘博士 2 名，硕士 6 名，本科生 3 名，有力充实了研发人员队伍。2012 年中牧研究院开展了相关研发岗位的内部竞聘工作，为研发人员上升提供通道。

此外，通过参加国内外学术交流、技术培训会，举办内部学术大讲堂等方式加强研发人员专业技能培训、促进专业技能提升。尤其是通过举办内部学术大讲堂，邀请国内外行业的科学家、行业政府部门的政要、科研院所的学科负责人等来研究院进行授课与互动。邀请柏林自由大学禽病研究所所长 Hafez Mohamed、美国阿斯利康公司技术总监姚坤博士、我国台湾清华大学胡育诚教授、军事医学科学院军事兽医研究所夏咸柱院士等数十位国内外知名专家学者来研究院开展专题讲座，与研发人员面对面的交流，为研发人员学习国内外先进科学技术，解决研发过程中遇到的思路及技术层面的问题搭建了一个非常好的交流平台。

发挥优势　回报社会

中牧股份作为国家级的企业技术中心，拥有一支理论基础扎实、具有丰富现场经验的技术服务队伍，在多个产品线上为遍布全国各地的客户服务。丰富的技术资源和服务案例储备能够为客户提供高效与全方位的一站式解决方案。通过独具特色的“顾问式”服务，充分发掘客户真实需求，强调以客户为中心，从客户需求角度出发，充当客户顾问的角色，帮助客户建立最佳的经营和获利模式。同时，将服务过程重新细分为售前、售中、售后三个阶段，力求在产品流通的全过程达到有效监控，形成企业与客户的一体化结合，将企业、中间商、终端客户、行业环境、社会责任等要素共同纳入中牧股份的四大安全行动中：即以解决产品副反应、提高产品质量为主的安全技术行动；以解决饲料激素和色素添加为主的安全营养行动；以解决重大动物疫病防控产品供应和市场服务为主的安全推广行动；以解决畜产品药残为主的安全药物行动。

中牧股份重点实施“安全服务万里行”公益科技推广活动，将服务推进到更高层次。活动以巡回方式，主要针对广大基层养殖业者，先后在河北、山东、江苏、江西、广东、安徽、内蒙古、黑龙江、吉林等9个省、自治区举办了300余场科技推广活动，无偿赠送养殖和疫病防疫书籍4万余份，惠及养殖户超过3万余人。以服务促进广大养殖业者树立科技、安全的健康养殖观念，推广使用安全、优质的饲料和兽药产品，呼吁公众提高对安全畜牧产品和养殖环境的关注，对实现农民增收，促进国家食品安全体系的构建，这始终是中牧股份不渝的社会责任。

运筹帷幄　乘势而进

随着世界经济格局复杂多变、形势严峻，国内经济亦面临增速放缓的压力，畜牧业受疫病、粮价、人工成本上升、价格波动频繁等因素的影响，经受较为严峻考验，同时竞争不断加剧。伴随国家监管力度的加强，业内并购重组进程加速，资源向优势企业集中的趋势逐步显现。中牧股份将继续坚持以“打造中国畜牧业第一安全品牌”为目标，以“保护动物安全，关爱人类健康”作为使命，强化“客户至上、勇于竞争、诚信守法、团结协作、乐天达观”的企业文化核心，进一步整合公司生物制品板块资源，做好政府招标采购，努力拓展常规苗市场，加大新产品研发和技术升级，提高公司疫苗板块竞争优势；兽药板块原料药和制剂并举，确定优势原料药产品，发展衍生物，形成制剂系列产品；积极探索创新饲料板块营销模式，实现产业链上下游延伸和行业整合，适应行业新形势要求；大力开发和推广“绿色、安全、环保、优质”的动物营养品和动物保健品，认真履行作为国有控股企业的社会责任，努力成为中国动物营养品和动物保健品行业专业化、标准化的典范。

立足研发基地建设　打造全产业链领先品牌

全产业链，打造安全“肉食品”的领先品牌

杨凌本香农业产业集团有限公司是陕西省一家以“肉食品安全”为核心的生猪产业化企业，通过十余年的发展，现已形成了以“饲料生产—种猪繁育—商品猪养殖—猪肉深加工—冷链物流及连锁专卖”的生猪产业全产业链发展模式。公司是国家六部委联合认定的国家级农业产业化重点龙头企业，公司生产的安全冷鲜肉系列产品被认定为无公害农产品、陕西省名牌产品，“besun 本香”商标是陕西省著名商标。

图 1　本香集团的产业链

公司现有员工总数714人，其中大专及以上学历人员286人，占职工总数的40.06%。公司具有较强的研究开发和科技成果产业化实力，拥有发明专利1项、实用新型专利2项、外观设计专利4项，并拥有注册商标3项、饲料保密配方2项、企业标准1项。

图2　本香集团在凤县的优良种猪繁育基地

截止到2013年6月底，杨凌本香集团在陕西省内现有建有优良种猪繁育基地4座（其中曾祖代种猪繁育基地1座、基础母猪繁育基地3座），年存栏曾祖代原种母猪4 250头、基础母猪1.25万头；全省范围内建设商品猪育肥基地3座，年出栏商品育肥猪25万头；拥有高效、安全猪饲料生产基地3处，分别位于杨凌、洛川、凤县，年饲料产量16万吨；拥有年屠宰能力50万头、通过了HACCP食品安全管理体系、ISO9000国际质量管理体系认证的生猪屠宰加工基地1处；在杨凌、西安、咸阳、延安、榆林、北京、上海、深圳等地建有本香安全冷鲜肉连锁专卖店150多家。公司生产、研发的本香系列肉类产品是陕西省内安全、健康猪肉第一品牌，占据领先地位。

图 3　本香集团的李家村五亩沟优良种猪繁育基地

内研外引，跨越生猪产业自主创新瓶颈

企业管理层引领企业科技创新

杨凌本香农业产业集团有限公司董事长燕君芳认识到，提高科技创新能力在企业竞争中具有核心作用。即要走出一条科技含量高、经济效益好、资源消耗低、环境污染少、人力资源优势得到充分发挥的新型工业化路子，必须依靠科技创新。因此一方面注重企业现阶段的生产设备技术改造，提高企业的生产效率和产品的技术含量；另一方面更要加快企业技术创新体系的建设，提高企业生产环境的可持续发展，才能在强手如林的竞争中立于不败之地。

燕君芳女士曾参与《规模化安全养猪综合新技术》、《现代实用动物疾病防治大全》等书籍的编写工作，具有较强的创新意识，积极倡导以科技创新促进企业发展，倡导以科技含量高、市场需求旺盛的产品研发来促进企业持续稳定发展，不断健全完善现代企业管理制度及创新体系，坚持以产品质量安全和科技创新作为支撑公司发展的源动力。提出并组织实施了“饲料生产—种猪繁育—商品猪养殖—猪肉深加工—冷链运输—肉食品连锁专卖”一条龙的生猪产业化发展模式，并组织建成了完整的安全猪肉产业链，申请了国家发明专利“一种安全猪肉生产链（申请号 201010279847. X）”。

研发创新，引领自主创新过程

企业在技术研发过程中，本香集团经历了“引进—模仿—自主创新”三个阶段的技术引进和研发过程。企业成立之初，即确定了以“肉食品质量安全”为核心的生猪产业化发展理念。1999 年，通过在饲料包装上的小小创新，使企业获得了“第一桶金”；2002 年以来，为实现优质瘦肉型种猪的繁育、养殖，公司与深圳光明农场合作，引进了陕西省内第一批被称为“瘦肉型猪王”的光明配套系种猪；近年来，公司不断优化、优选猪种，经历了由“光明配套系—杜、长、大—PIC 配套系”的猪种品系引进的创新，逐步形成了目前全部养殖场均更新换代为适合于规模化养殖、产业化经营的国际优良品种 PIC 配套系种猪。

图 4　本香集团的全程质量控制

食品加工方面，公司2007年起开始建设年屠宰50万头商品猪屠宰加工基地，通过HACCP食品安全管理体系认证、ISO9000国际质量管理体系认证、无公害农产品认证的现代化屠宰加工基地，严格的宰前、宰后十八道检验检疫和对重金属含量、药物残留及激素含量的重点检测，确保本香肉食在屠宰加工环节的安全、放心。

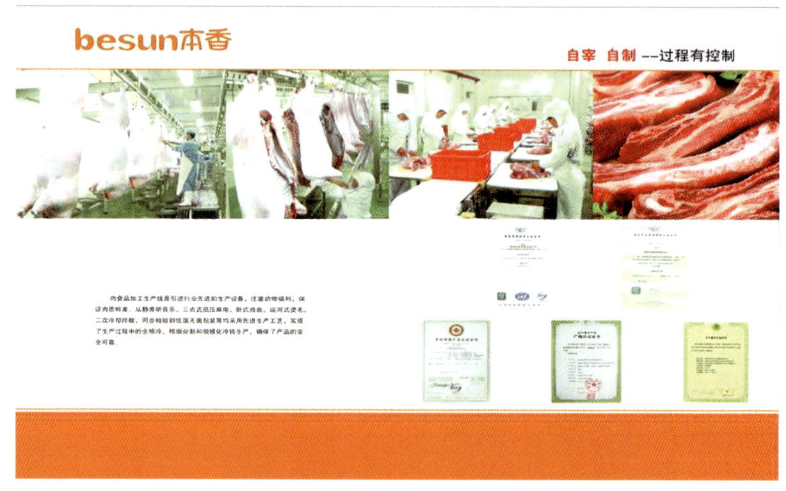

图5 本香集团的集体宰杀线和取得的有关资质认证

2012年以来，面对生猪产业发展过程中逐步凸显的“瘦肉精”、“注水肉”、“问题肉”、“病死猪肉”等食品安全问题和工业化生产对环境产生的日益严重影响，公司提出了“生猪及肉食品产业循环发展体系”，通过全产业链的运作和屠宰、加工废弃物的综合利用以及有机肥的生产加工，形成闭环运转的生猪及肉食品产业循环发展体系，实现工业化生产与环境保护、资源节约的协调可持续发展。

自主创新，贯穿企业创新发展历程

技术创新。核心技术缺失一直是中国企业快速成长、持续发展的软肋。本香集团十分重视自主创新，依托西北农林科技大学、中山大学、复旦大学等院校技术力量，开展技术攻关，自主研制出专用饲料，建立起具有本香自己技术特点的仔猪繁育中心，繁育水平国内领先。年头均断奶仔猪达到26头，高于全国16头的平均水平；仔猪存活率为93%，高于全国9个百分点；每头母猪年平均繁殖2.4胎，高于农户自繁自育1.7胎的平均水平。同时，紧盯国际前沿技术，先后与美国谷物协会、美国第二大养猪公司Pipestone建立了长期技术合作关系，在引进国际先进技术的基础上进行消化吸收再创新，研发的现代化猪舍等设备，在建筑设计理念、温控通风系统等方面超过了引进水平。

管理创新。一个企业局部板块最优不等于整体系统最优，要实现“1+1>2”，需要统筹管理，追求规模协同优势。本香在集团管控上，专门设立了全程质量控制总裁，采取事业部管理模式，实行集团集中决策，事业部分散经营、独立核算；坚持以事业引人，以诚心留人，以制度管人，注重从高等院校、国有企业引进高级管理人才和专门人才，依靠职业化团队经营企业，弱化家族式管理，即使老板的亲弟弟，违反制度，照样开除。本香视质量为企业生存之本，成立了以总裁为组长的食品安全管理专项工作小组，承担食品安全主体责任，建立覆盖全产业链的食品安全管理体系，应用信息技术，实施全程数字化管理，实行“食品安全一票否决”，公司从未发生过产品质量安全和安全生产事故。

标准创新。谁创立了标准，谁就掌握了市场竞争的主动权。本香集团从坚持“七统一”（统一供种、饲料、猪舍、防疫、技术、收购、销售）到实行“六自”（自繁、自养、自宰、自制、自运、自销），不断完善经营模式和生产流程，在各个环节都建立了产品质量安全控制标准。公司先后通过了无公害农产品认证（农业部）、HACCP（食品安全管理体系）和ISO9001：2008（质量管理体系）等三项认证。本香还创造了一些被行业认可的标准，标准化猪舍建设上，本香的设计理念得到了广泛认同，在全国规模化养殖企业中得到推广；养殖技术标准处于同行领先地位，为国内的一些大型养殖企业提供技术支持和服务。

融资创新。打造全产业链模式，需要巨额资金投入。本香集团在积极争取优惠政策和信贷支持的同时，更新观念，大胆创新融资方式。积极开展股权融资，2010 年以来，本香先后引入 3 个股东，以货币形式三次增资，扩大了公司资本规模，向现代企业制度迈出重要一步。在西部同行业中率先发行中小企业集合票据，在债券市场成功上市，共募集资金 5 000 万元。研究跟进国家刚刚批准试点的中小企业私募债，及时提出实施计划。2013 年公司又专门引进具有国际化视野和丰富资本运作能力的高级专业人才，积极筹划公司上市。

技术创新与研究开发是企业实现集团化发展、规模化运作与持续运行的重要推动器，然而作为以利润为第一指标的市场经济化运作的企业而言，技术创业与研究开发存在着资金投入多、研发风险大、直接经济效益不明显的特点。在这些方面，本香集团在第一次引进国外先进养殖技术方面即有过较为刻骨铭心的教训。2007 年，公司开始引进国际先进的生猪养殖场设计方案和管理理念，并建成了与国际接轨的规模化养殖场，但在运行过程中由于国内外养殖方式的区别，疫病防疫条件和自然地理隔离条件的不同以及规模化养殖环境的差异导致公司规模化养殖场不能很好地运作。在经过系统的分析、研究，并多次委派专业技术人员、管理人员到国外进行技术交流与学习、管理交流与学习的基础上，企业开始重视引进技术的消化吸收与再创新，经过近 3 年的不懈努力，实现了国外先进的养殖、管理技术与国内养殖环境、管理条件的匹配与适应。

建立机构，搭建研发高平台

本香集团重视科技创新与产品研发，将科技创新作为支撑产业发展的源动力。公司拥有经陕西省工信厅认定的企业技术中心，是陕西省科技厅认定的陕西省高新技术企业。企业技术中心拥有总价值 2 508 万元的科研仪器设备和产业化开发设备，现有专职研发人员 86 人，外聘技术专家 9 人。中心负责集团及子公司技术研发、科技成果转化和产业化、产学研合作开发等工作。技术中心纳入本香集团预算管理体系，从人员人工、直接投入、设备折旧、研发费用、委托开发等方面进行经费的独立核算，中心制定了研发项目立项管理办法和报告制度、建立了研发投入核算体系，对参与项目研发的工作人员和技术人员按照 KPI 指标体系制定项目绩效考核制度和业绩奖励办法。

目前，公司正在积极向陕西省科技厅申请陕西省生猪产业工程技术研究中心，并由企业技术总监牵头，在杨凌示范区成立本香生猪产业技术研究院。

合作研发，借力创新发展

第一，养猪技术与国外的合作。有了标准化的圈舍条件，本香又在管理上有新的突破。本香的猪场管理已与美国技术水平第一的 Pipestone 公司合作并委托其进行管理。目前，种猪场繁育水平达到年提供断奶活仔数 23 头以上，最好的单场成绩超过全国最高水平，达到 27 头以上。

在育种方面，本香与全球最大的育种公司，即英国的 PIC 种猪育种公司，在陕西永寿县建立了全国单场规模最大的 4 500 头曾祖代母猪合作场，引进了高度健康的曾祖代良种猪，作为其他基地种猪的供应场。

第二，饲料技术合作。随着企业养殖规模的增大，对饲料的数量及质量都有了更高的要求。为了实现本香再发展的同时，充分节约资源、充分节能降耗的目标，企业正在与美国技术水平第一的动物联合营养公司以及国内饲料加工设备先进制造商布勒公司、正昌公司等在洽谈合作事宜。

第三，屠宰加工技术合作。企业先后多次与法国西部联盟接触，考察了联盟内欧洲最大的猪肉屠宰加工企业，并借鉴了部分先进的设计思路及加工技术。目前，企业正在探寻与其联盟合作的方式。

第四，企业与国内高校及科研院所合作。在做好与国内外先进同行合作的同时，公司积极开展与国内高校和科研院所的合作。公司与西北农林科技大学、杨凌职业技术学院、西北工业大学、华南农业大学、复旦大学、浙江大学等高校和科研机构建立了长期稳定的产学研合作关系，就生猪产业发展中的关键技术难题等展开联合攻关和合作开发。公司定期或不定期委托高校就企业发展中的技术难题进行咨询，包括优良种猪繁育、地方优质猪种资源开发、种猪新品系开发、熟肉制品加工技术、冷鲜肉长期保鲜技术、优质安全饲料研发、冷链运输分地区配置、废弃物资源化利用、有机肥加工技术等。公司逐年加大科技研发经费和研究与试验发展经费投入力度，近三年来，每年用于联合开发的科研经费以及提供给高校和科研单位的横向研发经费总额均在 300 万元以上，其中直接支付给高校研究人员的咨询费和试验设计费即达到 80 万～100 万元。另设立“本香奖学金”提供给高校品学兼优的学生，并积极吸收合作院校毕业生到公司就业，有效缓解毕业生就业压力。同时，为全面提升企业科技人员和研究开发人员专业技能水平和科技素养，公司建立了科技人员再教育发展机制，定期或不定期选派人员到合作院校进修或攻读在职研究生，目前已培养了生猪养殖、动物营养、饲料科学、食品工程、市场营销、财务会计等专业理论基础知识扎实、工作实践经验丰富的科技工作人员 35 人。

团队建设，打造企业创新生力军

公司历经十余年的发展，现已组建了一支人员结构合理、专业分工明确、管理水平较高的管理和技术团队，中高级管理人员和技术人员中大部分拥有多年跨国公司、大中型企业管理经验。公司现有研究开发人员 86 人，其中 11 人具有硕士及以上学历，多人承担过省级及以上科技项目或作为省级以上科技项目主要研发人员，具有极强的研究开发能力和成果转化和产业化实力。

以项目带动科技创新成果转化

公司近三年主要研发项目 5 项，经国家相关部门立项的 3 项，通过自主研发、产学研联合开发、国内外引进开发以及消化吸收在创新等形式实现科技成果转化的年平均数 4 项，通过科技成果转化实现中试和产业化的新产品数共计 7 个，包括安全冷鲜肉、酱卤肉制品、调理肉制品、高效安全猪饲料、优质瘦肉型种猪等。公司研究开发和科技成果转化较好地支撑了企业发展。

服务社会，企业创新的外部驱动

本香集团自 2004 年起，承担国家农业综合开发世行贷款“安全猪肉产业化示范工程”项目，带动农民标准化、规模化、生态化养殖。公司在各基地建立“安全养猪协会”，协助组建养猪服务中心，无偿提供办公设备、兽医器械，培训技术人员，统一供应安全饲料、养猪设备和兽药疫苗。十年来，公司先后聘 30 名专家和企业科技人员为农民授课，累计举办培训班 600 多期，培训 80 000 余人次，现场技术指导 800 多人次，咨询服务 2 000 多人次，扶持养殖示范户 600 余户，带领 7 000 多农户走上养猪致富路子。目前，本香以杨凌为大本营，养殖基地南到秦岭深山中的凤县，北至延安的洛川、延川，形成年出栏 50 万头的生产能力，带动数十万农民增收。公司成立以来，多次被农业部和陕西省评为“带动农民增收先进单位”。

2009 年以来，公司为了解决农户主动学习性较低、学习成果不能形成转化以及农民培训效果差的普遍性难题，实现带动农民增收、开展农民技术培训与服务模式的创新，公司与杨凌示范区通力合作，采取政府投资建设、企业管理运营的方式，建立了陕西省第一个生猪标准化养殖创业实训基地，面向全省招收学员，每期培训一年。公司专门聘请美国和国内畜牧专家教授组成高水平教师团队，按照生猪养殖不同阶段的饲养管理要求进行全程培训。学员边培训边实践，每人一批管理 300 头育肥猪，每头交纳 300 元风险保证金，一年育肥三批、出栏 900 头。公司给学员承诺每头猪赚 100 元，每人年净赚 9 万元。实训结束后，猪群达到出栏标准，扣除一定生活费外，其余押金全部退还学员。经职业技能鉴定合格的学员颁发证书，愿意自办小型猪场，凭鉴定证书和项目计划，当地政府提供 8 万元贴息贷款，支持其创业。现在已经有 200 多人培训结业，其中 30 多人创业建起了猪场。

强化研发投入，保障可持续的自主创新

公司近三年累计投入研究开发（R&D）经费 2 984.01 万元，其中：2012 年投入研究开发（R&D）经费 1 124.43 万元，占 2012 年销售收入的比例为 6.10%；2011 年投入研究开发（R&D）经费 968.17 万元，占 2011 年销售收入的比例为 6.38%；2010 年投入研究开发（R&D）经费 891.41 万元，占 2010 年销售收入的比例为 7.56%。

公司近三年主营业务收入、总资产和研究开发费用情况见表。

本香集团资金情况

（单位：万元）

年份	主营业务收入	总资产	研发（R&D）费用	研发费用占比
2010	11 793.43	41 815.13	891.41	7.56%
2011	15 168.27	54 514.01	968.17	6.38%
2012	18 440.82	73 515.78	1 124.43	6.10%

生猪产业化，抢占行业整合制高点

本香集团生猪产业化发展模式的目标是：猪肉安全、农民增收。即：一件事情——生猪产业化；两个目标——让农民学一门无公害养猪技术，使农民增收致富；让市民吃上真正安全、放心的猪肉产品；五大环节——安全饲料生产、优良种猪繁育、无公害商品猪养殖、安全猪肉加工、肉制品连锁专卖。

本香生猪产业化模式特点：一是自繁自育；二是本香公司＋生猪养殖大县＋生猪创业实训基地；三是规模化；四是标准化；五是产业化；六是信息化；七是品牌化。

本香八统一的标准：统一种猪，统一饲料，统一设施，统一防疫，统一技术，统一培训，统一收购，统一销售。

本香生猪体系包括：研发中心、公猪站、曾祖代基地、种猪扩繁场、商品仔猪生产场、保育育肥基地、饲料加工、屠宰加工、冷链运输中心、连锁专卖店。

图 6　“六自”方针撬动产业链条协同发展

本香集团十年发展规划（2013—2023）：基础母猪存栏 19.6 万头；饲料生产 150 万吨：年出栏安全育肥猪 450 万头；屠宰销售 450 万头安全猪肉；3 000 家本香肉店。

关爱动物健康，以科技带动行业成长

广东大华农动物保健品股份有限公司（大华农公司）作为一家集动物保健品研发、生产、销售和技术服务为一体的高新技术企业，致力于动物保健领域前沿技术的研究和高新技术产品的生产，主要经营兽用化药、兽用疫苗、兽用添加剂，并新拓展了水产药业和水产养殖产业，赢得广大用户的信赖和支持，成为我国动物保健品行业中具有影响力的上市企业。

求真务实的领军团队

陈瑞爱总裁直接监管整个公司的研发，从最初组建研发团队到打造高效研发团队，从确定公司研发方向到新兽药申报过程中关键问题的解决均亲自指导，并且从多方式多途径提高研发人员素质。陈总裁提出大华农要“以科技为先导，以销售为龙头，以上市为契机”，秉承“做动物保健专家，为人类健康服务”宗旨，向着“打造全球知名生物科技企业”的发展目标前进；把企业自主创新能力是大华农公司发展和竞争根本。

大华农公司现有研发人员 110 多人，具有博士学历的 18 人，硕士学历以上的 70 多人，每年招聘大量的各类型专业研发人员。在每个研发单位根据研发方向设置不同的研发团队，每个研发团队包括 1～2 名团队负责人（由专家或者博士组成）、2～3 名具体实验人员（由硕士组成）和1～2名辅助人员（由本科或专科组成）。

为促进团队发展，提高团队工作效率，实行团队负责人全面负责制度，表现为：团队负责人负责拟定实验方案、实验关键技术的攻克等；团队其他人员负责具体实验、实验记录等，整个团队既有协作又有分工，责任清楚目标明确。

多途径提高团队研发水平：一是相互学习和帮助促进新旧员工对实验室常规技术的掌握和对新兽药申报的了解，二是派遣研发人员参加各种学术会议和到外单位进行专项技术交流，三是公司聘请专家进行专业培训授课，促进研发人自身专业水平的提升（图1）。

图1　河南农业大学王泽霖教授来公司讲座

创新发展的研发体系

大华农公司下设技术中心统一管理公司下属各个研发单位；公司下属研发单位包括：在北京与中国农业大学合作的实验室；在广州华南农业大学兽医学院设立华南动物疫病检测中心；在肇庆大华农公司建立的研发中心（包括广东省企业重点实验室和农业部重点实验室）；在大华农公司总部建立的生药研发室、化药研发室和与中山大学合建立生物安全三级实验室。

公司科技事业的发展离不开资金的投入，为了建设科技舰队，打造具有世界影响力的动物保健品企业，公司近年来不断加大科技经费的投入，每年用销售收入5%以上的资金投入到科技，并制定科技经费使用制度（《科研项目经费管理办法》），设立专门的科研经费，保证专款专用，近年来累计投入资金近1亿多元，包括科技平台建设，如广东省企业重点实验室建设、动物疫苗工程研发中心大楼（共计10层，面积1万多平方米）、实验动物中心大楼的建设、华南动物疫病检测中心等，约占总科技经费40%；设备的购置，如生物反应器、荧光定量PCR仪、冻干机等，约占总科技经费15%；实验材料耗品的投入，如血清、培养基、试剂及注射器、手套等，约占总科技经费10%；技术成果的购买及产业化，如重组禽流感毒种的购买和转化等，约占总科技经费20%；人才的引进和工资待遇，约占总科技经费10%；实验室、设备运行费，管理费及激励费用等其他费用，约占总科技经费5%。

事实证明，公司的发展和科技投入密不可分。因此，公司将进一步加大科技投入力度，积极建设具有国家级水平的企业重点实验室，为公司建设成为具有国际影响力的动物保健品企业奠定坚实的基础。

不断完善的管理体制

大华农公司研发伴随着企业成长不断改革与创新，主要存在以下几个阶段：

第一阶段：在大华农公司成立之前，就已经广泛应用科学理论与实践相结合的研发模式保障畜禽健康提高生产效率

在1999—2002年陈瑞爱任职温氏集团生产技术部时，已经将科技理论与实践相结合针对温氏集团的“公司+农户”的一体化养殖模式，在国内首次研究了《家禽安全生物系统的建立与推广应用》的动物疫病防疫技术模式，有效地预防和控制了常见家禽传染病，使肉鸡上市率从67%提高到96%以上。初步形成了科技服务于生产，研发以生产需要、行业需要为导向，从根本上区别于高等院校或科研所以理论基础研究为主，逐步形成适合于企业发展的研发模式。

第二阶段：研发平台的快速搭建、逐步完善研发管理制度并形成以“自主研发、合作研发、产品购买转化”为模式的研发体系

在研发平台搭建方面：2002年成立大华农公司，同时建立了生药研发室和化药研发室（2 000多平方米）；2005年与中山大学合作成立了生物安全三级实验室（近1 000平方米）；2009年成立了企业技术中心；2010年成立了广东省企业重点实验室（1 000多平方米）；2011年成立华南动物疫病检测中心（2 500多平方米）和院士专家工作站；2012年成立博士后创新实践基地；2013年成立农业部重点实验室（面积3 000多平方米）。

在研发管理方面：2002—2013年之间完成了一般研发人才和特殊人才引进办法、研发项目立项、结题、终止、经费使用、项目补贴等一系列管理办法；自2011年底公司架构调整以来，整个公司成立技术中心统一管理所有研发部门，自主形成十多个不同的独立研发团队，实行项目团队负责制度、团队负责人全面管理负责等系列制度；同时，为了激励研发人员，公司出台了系列研发激励政策，例如：2010年颁发了《关于员工对外发表论文给予奖励的通知》（大华农字［2010］50号）；《总经理创新奖励办法》（大华农字［2010］46号）；《科学技术进步奖奖励办法》（大华农字［2010］47号）2011年颁发了《关于加强员工对外发表论文管理的暂行规定》（大华农字［2011］26号）；《关于调整科技进步奖部分奖励条款的通知》（大华农字［2011］1号）；2013年颁布了《关于广东大华农公司新兽药、新添加剂奖励的办法》（大华农〔2013〕56号）；2013年大华农公司进行了股权激励。此阶段形成了系列的对研发单位、研发团队、研发个人的管理激励机制。

在研发模式方面：随着公司的快速拓展，仅仅自主研发完全跟不上公司发展速度，因此公司逐步形成了“自主研发、合作研发、产品购买转化”三种研发合作转化模式。公司自成立起就与“产学研合作”这种模式结下了不解之缘，当时公司是与华南农业大学兽医学院合作创办的，“产学研”合作推动了公司快速的发展。因此，公司一直重视并致力于与科研院校的合作，通过借助他们的人才、技术及先进设备等优势为公司发展提供支撑。目前，公司与国内许多科研、教学单位建立起了良好的合作关系，并积极拓展与国外相关单位的合作。公司与科研、教学单位开展的合作内容主要包括技术成果的转让，如购买哈尔滨兽医研究所的重组禽流感病毒毒种成果、华南农业大学转让 H9 禽流感病毒（SS 株）毒种等；科研平台的建立，如与中山大学合作共建的 BSL－3 实验室、与中国农业大学共建的广东省企业重点实验室等；技术项目合作开发，如与华中农业大学、中国兽医药品监察所合作的细胞源禽流感疫苗产品的开发，与中国农业大学合作的水禽禽流感疫苗的研发等。

产学研合作除了带来巨大的经济效益，还进一步扩充公司科技人才力量，提升科技创新能力。通过产学研方式的人才互动，加强了人才创新意识的培养，增强了实验技术操作能力，同时也吸引了优秀人才到公司中来，推动了科技人才力量的发展。此外，结合公司已设立的博士后科研工作站和院士专家企业工作站等平台，深化了产学研合作方式，全面公司科技人才力量的建设。

第三阶段：研发体系的进一步完善，全方位多领域的深入合作，逐步形成系列战略合作联盟

在软件建设方面进一步完善研发管理体系，做到每个研发人员责、权、职明确，有效激发研发积极性；根据行业发展需要和公司发展规划分步从兽医、生命科学、食品工程、药学、水产、海洋等多领域、多学科引进复合型人才组建各类型专业团队，对一些行业关键技术进行联合攻关。

研发是一个长期而系统的工程，公司发展前期通过大量购买或者与具有一定研发基础的科研院所进行合作在促进公司发展取得了显著成效。但是当公司发展到一定程度，随着研发领域的拓展，仅仅单个项目的合作是远远不足的，此时需要扩大范围合作方位，有效整个社会各类资源，更加深层次的交流与合作。目前大华农公司与中国农科院哈尔滨兽医研究所、兰州兽医研究所、上海兽医研究所、中国水科院等一系列研究所签订了长期战略合作伙伴协议（图2）；公司为了发展水产养殖项目还与中山大学一起成立专门公司，并签署了长期战略合作伙伴协议。兽用生物制品行业许多技术涉及交叉学科领域，例如发酵、纯化等方面，公司为了促进制约产品质量和行业发展关键技术的解决，特地与多个理工类院校建立合作关系，例如华南理工大学、扬州大学等；并且于 2013 年 11 月 11 日—15 日组织团队到东南大学、上海交通大学、华东理工大学等知名高校相关团队进行交流沟通促进合作。

图 2　大华农与中国水产科学研究院签订科技合作协议

令人瞩目的科技成果

公司以动物重大疫病、人兽共患病和食品安全等社会关切为出

发点，以动物疫苗研究、动物疫病防控的公共服务与平台建设、兽用疫苗工艺的研究、兽用诊断制品与诊断技术的研究、渔用生物制品研究为主要研究方向，不断致力于攻克行业发展技术瓶颈，提升行业技术水平，为畜牧业发展护航，保障人类健康。

经过多年来的建设，公司的发展获得行业内及政府主管部门的一致肯定和好评，公司的科技项目获得政府资金的大力支持，科技事业取得长足的进步。近年来，公司承担省部级以上科技项目 20 余项，市区级科技项目 10 项（共获得政府资金 2 401 万元），获得省部级科技平台类建设项目 6 项，包括农业部动物疫病防控生物技术与制品创制重点实验室，广东省兽用生物制品技术研究与应用企业重点实验室，广东省技术企业中心，广东省工程技术研发中心，博士后科研工作站，院士专家企业工作站。

科技项目资金的支持和平台建设有力地推动了公司科技创新和成果的快速转化。近年来，公司获得新兽药证书 14 项，建立行业技术标准 3 项，获得省级自主创新产品 3 项，高新技术产品 6 项，获得发明专利 18 项，实用新型专利 7 项，外观设计专利 3 项，获得国家级、部委（省）级科技奖励 3 项，累计发表论文 180 余篇，其中 SCI 和核心期刊论文 30 篇。

服务社会的发展理念

大华农公司华南动物疫病检测中心（简称检测中心）自 2010 年成立以来，以服务全国畜禽养殖业的快速健康发展为宗旨，为社会和畜禽养殖农户所面临的困难提供全方位的技术支持与解决方案。

检测中心组建了畜禽疫病检测的技术团队，对来自全国的养殖企业和个体养殖户送检的病料和血清进行疫病检测技术服务，主要服务内容为病毒分离、血清检测、PCR 克隆、测序和遗传变异分析、细菌分离及药敏试验等。检测中心自成立以来，每年接收社会和农民送检病料约300份，血清约5 000份，发出检测报告约300份。根据检测结果与养殖场疫病发生与流行的实际情况，提供科学可行的疫病防控方案，解决养殖场的防疫问题。协助养殖场制定以生物安全、疫苗免疫和药物使用为核心的疫病防控方案，预防疫病的发生与流行。2012年以来，检测中心共举办了四期全国性和三期大集团一对一的畜禽疫病实验检测技术培训班（图3），提升畜禽养殖企业基层技术人员的畜禽疫病实验检测技能，协助全国畜禽养殖企业提高畜禽疫病实验检测的技术力量。

图3　第二届大华农禽病实验技术高级培训班合影

另外，检测中心还组建了由全国知名畜牧兽医专家组成的专家库和由资深畜牧兽医技术人员为主体的技术服务团队，每年派出畜牧兽医专家或技术服务人员前往新疆、广西、江西、福建、湖北、贵州、甘肃、陕西等20多个省区进行技术服务，为正大集团、福建圣农、中粮集团等多个大型养殖集团的技术人员进行畜禽健康养殖与疾病防控等方面的技术培训和授课（图4）。

检测中心派出的专家或技术服务人员经常深入当地的畜禽养殖现场，与养殖场和养殖户进行技术交流，指导养殖场和养殖户的畜禽养殖生产，为其生产中所面临的困难提供技术支持与服务。检测中心除为国内畜禽养殖企业和农民提供技术服务外，还

图 4　检测中心专家在县级兽医站为养殖农户授课

多次派出专家前往越南、泰国，与越南正大、第六兽医分局、胡志明市兽医局和泰国正大等的基层养殖场进行技术交流与服务，促进了国际养殖业的健康发展。检测中心通过为社会和农民提供科学可行的技术服务，实践了大华农公司“做动物保健专家，为人类健康服务”的理念。

图 5　夏咸柱院士来访和交流

图 6　公司人员参加美国第五届动物健康投资洽谈会

·广西田园生化

创新田园　打造国内一流生化品牌

科技成就西南最大的农药制剂企业

广西田园生化股份有限公司（以下简称“田园公司”）成立于1994年，是一个以农业有害生物防治技术产品的研发、生产、推广为核心业务的高新技术企业，注册资本1.26亿元。田园公司经过多年发展，目前拥有杀虫剂、杀菌剂、除草剂、药肥等农药产品200多个，在农药产品研发、生产工艺优化和施用技术研究等方面积累了丰富的经验，现已发展成为西南地区最大的农药企业及我国水稻用、甘蔗用农药生产销售规模最大的企业；总体生产销售规模在全国农药制剂行业中排名第三，在全国4 000多家农药企业中位居中国农药行业百强前列。

田园公司凭借在技术与管理上的持续创新，通过引进人才、技术、先进管理理念，使公司保持高速发展。尤其是科技上的持续创新，给田园公司的快速发展提供了源源不断的动力。

公司于1999年开始建立研发中心，经过多年的科技创新发展，中心综合实力得到不断增强，科技成果显著，先后于2003年、2005年、2006年和2010年被认定为“市级开发中心”“广西农药剂型工程技术研究中心”“自治区级企业技术中心”、支撑广西1823工程的“千亿元产业—广西生物农业研发中心”；2012年，公司经南宁市政府批准，设立了南宁市院士专家工作站；2013年，公司被批准为农业部“农药研制与施用技术重点实验室”建设依托单位。

研发中心现拥有一支169人的研发队伍，其中高级职称人员23人，中级职称29人，研究生以上学历72人；建有2 000平方米的剂型开发和检测实验室、1 000余平方米的生物活性测定实验室及智能温室；配置有马尔文激光粒径分布仪、全自动高效液相色谱仪、气相色谱仪、激光雾滴测定仪、闪点测定仪等检测设备，拥有微型气流粉碎机、砂磨机、球磨机、乳化机等制剂加工设备以及Poter喷雾塔、无人直升机等生物活性测定和施药设备，建有全程DCS控制的创制农药原药中试生产线及各类新剂型产品中试生产线；可完成水乳剂、悬浮剂、泡腾片剂、热雾剂、超低容量液剂、静电制剂、药肥合一制剂等多种先进剂型产品的研究、开发和试生产。

为保证研发工作的顺利开展，田园公司不断加大研发的投入力度，每年研发投入均占公司年销售收入3%以上并逐年递增，2012年公司科研投入达到2 968.69万元。此外，公司积极加强科技成果转化，并从成果转化的效益中提出一定份额用于技术创新的再投入，以保证和提高企业的创新费用，形成科研与技术创新的良性循环发展机制。

研发中心现每年可平均开发出30多个新型农药产品，率先在全国开展高工效农药和高工效植保研究，领先开展航空植保施药药剂及施药技术研究，在高工效领域申请专利近100项；公司先后承担和完成了科技部、财政部、农业部、国家发改委等部委19项国家级项目，以及29项省级和37项市级科研开发和成果产业化项目；先后荣获省级科技进步奖9项，南宁市科技进步奖10项；荣获国家重点新产品认定5项，广西新产品认定3项及南宁市工业新产品认定30项；拥有授权发明专利50项、实用新型专利12项，2011—2012年，公司专利申请总量连续两年位居南宁市企业专利申请总量第一名。

作为西南地区农药行业的龙头企业，田园公司多项优异科技成果的产出，很好地带动了西南地区乃至全国农药行业的发展，同时也为我国经济的发展作出了较大贡献。鉴于此，公司已连续10年被南宁国家高新技术产业开发区授予“综合实力20强企业”“纳税大户”“安全生产管理先进单位”“工业生产竞赛一等奖”“技术创新一等奖”等奖励；先后被中共南宁市委、市政府评为“南宁市优秀高新技术企业”“南宁市工业发展十佳企业”“南宁市强优工业企业”；被广西科技厅认定为首批“广西创新型企业”；荣获中国农资质量万里行“百佳名优农资企业”、中国“民营科技发展贡献奖”等多项奖励。

图1　田园公司总部

高效企业创新，支撑高效生化品牌崛起

企业带头人营造科技创新条件

作为公司董事长，李卫国非常重视公司科技创新，认为科技创

新是企业向前发展的原动力。所以，多年来他一直兼任公司研发中心总监，负责公司研发战略的制定和研发管理工作，运用科学管理的理论，借鉴世界先进企业研究开发的管理模式，将门径管理模式引入公司研发管理，重构了公司研发中心组织机构和管理流程，充分调动公司资源，为公司近年来的技术创新创造各种条件。

图 2　公司董事长李卫国

李卫国长期从事技术创新和研发管理工作，带领田园公司坚持自主创新的发展道路，使公司销售额从创业第一年的 500 万元发展到 2012 年的 9 亿元，上缴税款 3 600 多万元，实现了公司的跨越式发展。曾先后主持或参加完成 6 项国家级、9 项省级及 11 项市级科研项目，参与制定行业标准 1 项，获授权发明专利 11 项，并先后荣获广西科技进步奖 5 项，南宁市科技进步奖 8 项，在国内期刊、会议发表多篇论文，为田园公司的技术创新做出了突出贡献。

同时，李卫国也为中国农药行业挖掘了新的发展方向。2008 年，李卫国在全国率先提出了“高工效农药和高工效植保”的理念，旨在通过开发高效的药剂和配套的施药机械提高农药的施用效率，提高农药的利用率，降低农药的使用量，从而从根本上减少农药的污染，推动生物农业的发展。其带领公司研发人员在此领域开展大量研究活动，取得多项研究成果，申请专利近百项，获专利授

图 3　广西田园公司的直升机项目

权 20 余项。特别是在 2012 年先后向时任国务院总理温家宝及时任广西壮族自治区党委书记郭声琨、副书记危朝安、副主席陈章良等领导分别现场演示和汇报了公司高工效农药进展情况时，得到上级领导的肯定和鼓励，在农药行业引起了轰动，使全国掀起了高工效农药和药剂的研究热潮。

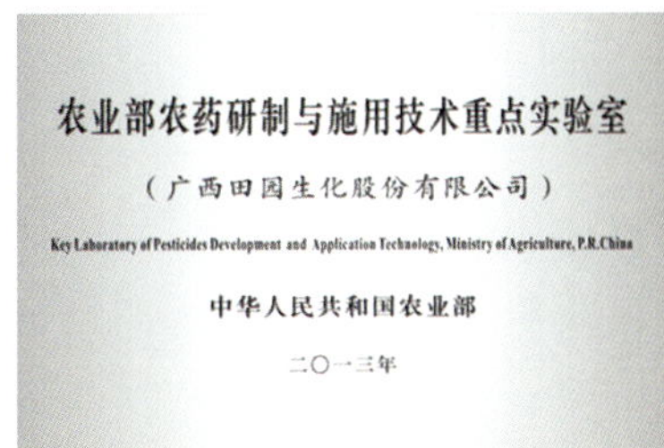

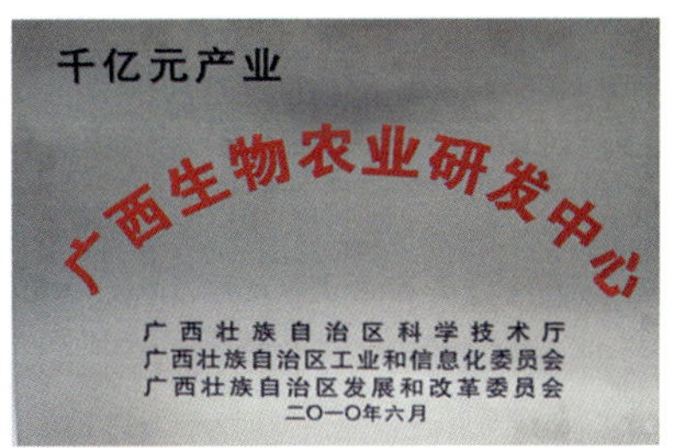

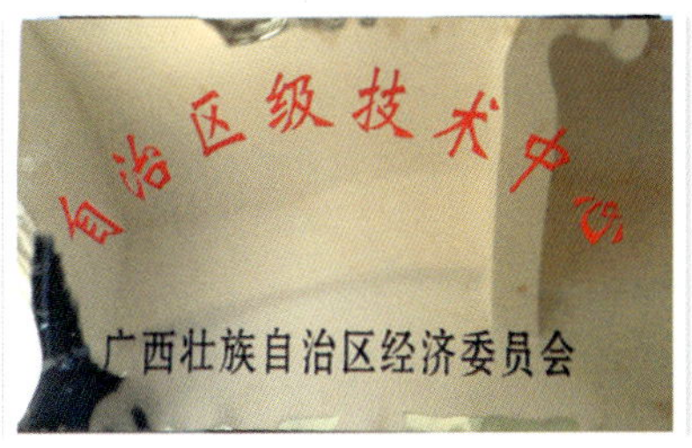

图 4　田园公司为多个研发中心（重点实验室）建设依托单位

李卫国的工作成绩也得到行业专家和各级领导的肯定，先后入选“南宁市培养新世纪学术和技术带头人第一层次培养人选”“广西十百千人才工程第二层次人选”，荣获“南宁市专业技术拔尖人才”“广西优秀社会主义事业建设者”、全国“讲理想、比贡献”活动科技标兵等荣誉称号，为广西经济的发展及全国农药行业技术的进步做出了重大贡献。

体制机制创新，培育技术创新的内生动力

为了更好、更快推进技术创新工作，推动研发中心科学、合理、高效的运行，公司不断规范研发中心的组织结构，完善研发中心相关管理制度。

经过设计和优化的研发中心组织机构如图 5。

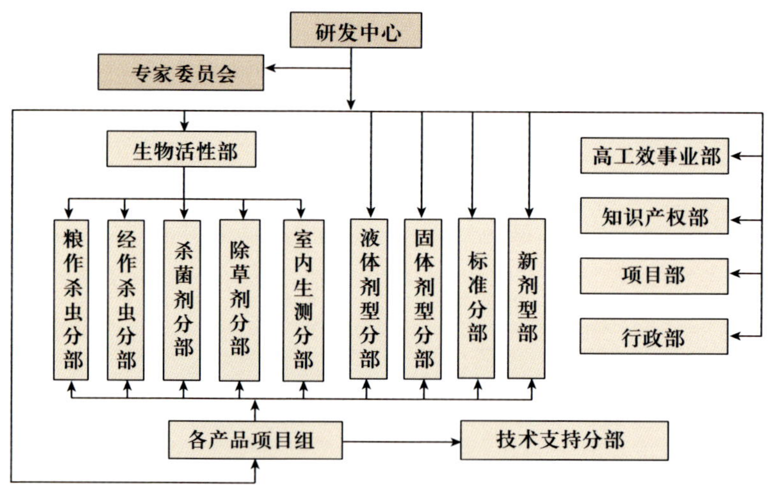

图 5　田园公司研发中心组织机构

研发中心各个部门职能及运营情况为：专家委员会负责研发中心战略的制定、实施、督导及研发成果的评价；生物活性部根据不同的研究对象分别负责粮食作物主要虫害、经济作物主要虫害、农作物病害、农作物草害防控技术和产品的研究与开发；剂型工程部负责产品的配方研究、新剂型研发、产品质量检测及标准制定工作；高工效事业部负责高工效产品和技术的研发与推

广；知识产权部负责产品证件及成果知识产权的办理；项目部负责政府政策的学习、解读、传达及政府资助科研项目的推进、实施和管理。

研发中心的研究任务实行项目经理负责制，项目经理全权负责项目执行期间的所有事务，技术支持部负责产品和技术在市场上的技术支持，并承担一定的新产品开发任务。

在研发管理方面，公司进行了发展目标和科技创新的统一规划，以“科学管理原理”为基本理论指导，以ISO9001体系为模板，借助六西格玛管理工具，梳理公司各个业务流程，建立了较为完善的科学管理体系，并用ERP和Forp信息化管理系统进行固化，确保公司各项科研工作的优质高效。

公司制定了《研发管理制度》，运用发达国家卓越企业门径管理的方法，规划了公司研究开发的方针、目标、组织机构、岗位职责、开发流程及奖惩办法，确保了研发工作的高效、低耗，保证了开发的新产品符合“亩本更低、防效更好、产用安全、质稳合规”的要求。该制度曾荣获中国民营科技促进会年度创新奖。

此外，公司还制定了《项目管理制度》《知识产权管理办法》《研发人员薪酬管理规定》《研发人员在职教育管理制度》《专业技术职务聘任管理规定》《研发投入核算财务管理制度》《室内生测（温室）管理制度》《工艺管理及考核办法》等。这些管理制度的实施，确保了公司各项研发活动的实施及各项科研成果、技术的产业化。

科研合作，带动技术创新跨越发展

田园公司成立伊始就确定了“引进、委托开发、自身开发”相结合的研究开发模式，在自行开发为主的基础上，公司积极开展与各大高校及科研院所的合作。分别与北京化工大学、中国农业大学、西北农林科技大学、贵州大学、广西大学、中国农科院植保所、上海农药研究所、中航工业西安飞行自动控制研究所等高校院所通过产品、技术的引进、委托开发、合作开发的科研合作模式，保持着密切的合作关系。公司还积极参加国家农药产业技术创新战略联盟、生物农药联盟等国内一流产业联盟，以此来提升合作的技术水平与范围，在合理专业化分工的基础上，整合农药产业技术创新资源，依托于联盟成员自筹资金以及国家引导资金和政策，以多样化、多层次的自主研发与开放合作创新相结合，全面提升公司对外合作水平。

2012 年，田园公司荣获了“中国产学研合作创新奖”，成为了广西区内唯一获此殊荣的企业。

团队建设，打造自主创新的持久动力

公司现以多种形式加大科技人才引进力度，拓宽人才引进渠道。现公司每年从中国农业大学、西北农林科技大学、广西大学等高校引进优秀应届研究生和本科生数十名，增加科研队伍力量，保证基础研发工作的顺利开展。此外，公司通过校企、院企和企业间的合作，引进了 50 多名高技术水平行业专家；值得一提的是，2012 年，经南宁市政府批准，公司设立了南宁市“院士工作站”及“水稻植保与营养技术开发特聘专家岗位”，引进了中国农科院副院长吴孔明院士为公司技术顾问，聘请了中国农科院植保所袁会珠研究员为岗位特聘专家；多位农药行业技术带头人的引进，必将引领着田园公司的研发工作往更高、更远、更专业的方向发展。

公司除注重优秀人才的引进外，同样注重研发人员的培养。对新员工，公司设计以老带新的制度，一对一委派入职指导人，根据工作分工方向，指定教材，规定技能标准，进行培训和阶段考核，使新入职员工尽快具备从事研究开发的技能和知识。对成熟的研发人员，公司通过培训、组织外出考察、科技协作与交流等方式，来提升研发人员的科研素质与能力。

公司还与贵州大学、广西师范学院、中国农科院植保所建立长期稳定合作，分别共建了“博士后工作站”“校企农药协同创新中心”及“北方研发中心”，很好地促进了公司与各合作单位间的人才引进、交流与培养，为公司研发队伍的发展壮大开启了一条全新的道路。

经过多年的科研人才队伍建设，研发人才培养工作取得了很好的成效。研发中心现拥有一支 169 人的专职研发队伍，其中高级职称人员 23 人，中级职称 29 人，研究生以上学历 72 人；年龄结构组成包括 45 岁以上人员 8 人，35～44 岁人员 11 人，35 岁以下人员 150 人；研发人员涵盖的专业包括农药学、植物保护、农学、化学分析及精细化工等学科门类，组成了一支专业结构合理、学科门类齐全、以中青年为主的专业研究开发队伍。

承担项目，加速项目成果转化

田园公司的科技创新工作得到农业部、科技部、财政部、国家发改委及广西、南宁市等多个政府部门的大力扶持。公司目前已先后承担和完成了 19 项国家级、29 项省级及 37 项市级科研开发和成果产业化项目。

图 6　公司东盟生产基地

为保证这些科技成果能及时应用到农业实际生产中，田园公司加快了对科研成果的转化应用。公司在南宁—东盟工业园区拥有一个面积达280亩的农药现代化加工分装基地，年生产能力达4万吨，配备了国内先进的农药剂型加工设备，自动化程度高，形成了成熟的水乳剂、微乳剂、干法与湿法水分散粒剂、悬浮剂等环保型新剂型及超低容量液剂、控制释放制剂、药肥合一等高工效农药产品的配方、工艺、设备一体化的研发产业化创新体系，具备很强的科技成果产业化能力。近三年转化的科技成果达30多项，形成产值10亿元以上，取得了显著的经济效益和社会效益。

服务社会，提升企业创新的社会效应

在注重企业内部发展的同时，公司还以多种形式开展面向同行、社会及农民的技术服务活动，积极投身服务社会、服务“三农”的建设中。

公司一直积极推进研发中心的技术服务功能，为南宁市德丰富化工有限责任公司、广西农喜作物科学有限责任公司等多家农药企业提供产品检测、生物活性筛选、工艺研究等技术服务项目，实现资源共享；并多次举办行业会议、欢迎同行企业到公司实地考察等活动以大力支持农药行业的发展。

近年来，公司致力于高工效农药及高工效植保、乳油产品绿色化改造等原创性研究，研发水平位于行业领先水平，对促进我国农业现代化发展、保障农业生产安全具有重要推进作用。同时，田园公司作为国内最大的水稻用农药生产企业，为粮食作物安全生产保驾护航，取得了很好的经济和社会效益。

此外，公司每年都积极参加政府部门举办的“三下乡”科技服务活动，送新型植保技术、科技新产品下乡，为农民提供专业植保技术服务；公司还成立有专门的技术支持部，每年到基层进行农药产品使用技术培训的场次达500次。这些技术服务活动为解决我国当前的“三农”问题做出实质性贡献。

图7　2013年7月公司开展“农业科技创新，服务美丽广西”活动

经费投入，形成技术创新良性循环

为保证研发中心的健康发展，田园公司近年来一直持续加大科研经费投入。公司2010年科技经费投入1 906万元，2011年经费投入2 353万元，2012年经费投入2 968万元，主要用于研发设备配置、试验测试费用、试验材料费用、知识产权保护及研发信息化管理等研发工作相关费用的支出，研发投入均占公司年销售收入的3%以上，基本满足科研与技术创新对经费的需求。此外，公司积极加强科技成果转化，并从成果转化的效益中提出一定份额用于技术创新的再投入，以保证和提高企业的创新费用，形成科研与技术创新的良性循环发展机制。

抢占制高点，引领中国高工效农药植保产业发展

广西田园生化股份有限公司未来将遵循“立足国际化视野，立

足国内国际先进水平，专利保护与研究开发并行，抢占前进高地，构筑防御壁垒”的原则，以“高工效农药及药肥、高效施药设备、高效运载平台新、成分农药、新型肥料”为研究方向，将研发中心建成一个国内一流且具有国际水平的农药制剂产品研究开发技术中心，同时具备对创制农药进行中试、产业化的国内一流水平的技术中心，为实现“领航中国高工效农药，领航中国高工效植保”的企业愿景不懈努力。

图 8　田园公司高工效植保技术

• 中国农机院

嬗变：科研院所走出来的现代化大企业

中国农业机械化科学研究院（以下简称中国农机院）成立于1956年，1999年转制为中央直属科技型企业，2009年重组进入中国机械工业集团有限公司。中国农机院始终秉承“支撑农业机械化、保障国家食物安全、提升农业竞争力和实现农业现代化”的理想，历经50多年的锐意创新和成长发展，逐步发展成为以自主创新为核心竞争力、以高端农机产品制造为主体，集技术研究、工业生产、产品经贸与服务，工程勘察、设计与施工一体化的大型现代科技企业集团。业务涵盖了现代农业装备、畜牧业装备、农产品与食品加工装备、可再生能源装备、军工与特种装备、勘察设计与工程施工以及信息传媒7大领域，是国家首批创新型企业和高新技术企业。2012年，总资产达到71.25亿元，营业收入42.10亿元。

中国农机院现有30个二级单位（分子公司），建有国家及省部级重点实验室5个、工程技术中心5个、标准检测机构7个，并有5个行业机构挂靠。现有从业人员7 631人，其中高等学历3 439人，形成学科门类齐全，研究、设计、生产经验丰富的专业队伍，培养和造就了一大批具有行业影响的专家和优秀的高级管理人才。

中国农机院历经了四个重要发展期。一是创建与发展期（1956—1985年），构建了农业机械、畜禽机械、农机化、运用与修理、材料工艺、电气化与技术试验鉴定、技术情报等研究领域；二是改革与调整期（1986—1999年），20世纪80年代末，中国农机院成为国家科研体制改革试点单位，率先实行三年事业费削减到位，开始由单纯科研型向科研经营型转变，1999 年转制为中央直属大型科技型企业；三是成长与壮大时期（2000—2008 年），由科研事业单位转制为企业后，对科研体制、人事管理制度、经济分配政策、职能管理机构等方面进行了一系列深化改革；四是新的发展时期（2009 年以后），2009 年重组进入中国机械工业集团有限公司，与相关单位合力形成了我国农机研究、制造、贸易完整产业链的核心业务板块。

图 1　不断发展壮大的中国农业机械化科学研究院

以“领先半步”思路实施系统创新工程

中国农机院围绕提升企业自主创新能力，引领行业技术发展，辐射带动产业科技进步的创新发展目标，实施了“一道纲领、一项方针、一种战略、一套体系、三大工程”系统创新工程，即以《中国农机院关于加强自主创新能力的若干意见》为纲领，坚持“科研立院、人才兴院、发展产业、服务农业”的方针，“自主创新、领先半步”的发展战略，建成国家重点实验室创新研究为核心层、国家工程中心为孵化转化层、战略联盟为产学研辐射层、服务平台促进中小企业发展的”四位一体”技术创新体系，建设完善创新人才、企业文化、规范制度三大保障工程，形成可持续的系统保障能力。

图 2　中国农业机械化科学研究院一瞥

中国农机院坚持“领先半步”的务实创新战略，立足当前，着眼长远，前瞻性、基础性与实用性相结合，自主开发与引进、消化、吸收相结合，技术与市场紧密结合，立足国情兼顾市场领先。半步领先战略培育和造就了中国农机院的较强科研能力和丰富科研成果。

稳步推进现代企业制度改革

作为由科研院所转制而来的科技型企业，中国农机院积极推进全院现代企业制度改革。理顺产权关系，完善资本结构，健全管理规范，建立集权与分权相结合的母子公司制集团管理体制，逐步形成一个全资、控股、参股、直属研究所（中心）

不同产权和多种股本结构并存、跨区域分布、跨行业融合的大型科技企业。

在机构改革上，充分发挥院总部的“大脑和心脏”功能，按照职能拓展、人员精减的原则，改革职能管理部门，实现业务准确对接、决策快速反应、管理精细高效，提高管理的能力和效率。

管理机制上，完善人力、投资、财务、产业和奖惩系列管理制度，发挥投资决策、目标管理、资金财务、人才管理“四个中心”的作用，实行管住资产权、强化监督权、放开经营权的“三权”管理；发挥利润中心和成本中心“两个中心”的作用，形成了集团化的现代企业运行机制与制度。

建设“四位一体”的技术创新体系

中国农机院非常重视实验室建设，布局和建设了以国家重点实验室和部级重点实验室为科研核心、以战略联盟为稳定的产学研合作纽带、以国家工程技术研究中心为成果转化与产业化的依托和以创新服务平台为产业服务支撑的“四位一体”创新体系。

中国农机院建有具有公益性、相对独立性和面向行业开放、共享服务的“农业部草原畜牧业装备重点实验室”和“农业部农产品加工装备重点实验室”，以重点实验室为依托，重点开展前瞻性应用基础理论、核心技术和应用技术研究；以国家农业机械工程技术研究中心和国家草原畜牧业装备工程技术研究中心为依托，积极开展新技术、新产品的转化共享和应用服务；牵头联合8家行业骨干企业、4所重点大学和3家地域特色院所，建立了农业装备产业技术创新战略联盟，联盟现有成员单位42家，其中企业14家，大学17家，科研院所11家，凝聚了行业国内具有创新能力的知名企业，具有基础研究、共性与前沿技术研发优势的大学和科研院所的力量，以契约形式把产学研紧密合作的机制固化，开展行业共性关键技术和重大产品联合攻关、技术辐射和零距离产业化，提升产业竞争力；建立完善了农业装备产业技术创新服务平台，服务于中小企业，服务于农业装备产业，促进行业整体素质提升。

图 3　土壤植物机器系统技术国家重点实验和
农业部农产品加工装备重点实验室

50 多年来，中国农机院共承担完成国家和省部级科研项目 2 400多项，取得重要科技成果 2 400 多项，向社会提供 3 000 多种农机产品，获国家专利 300 余项，制修订国家与行业标准 1 200 多项，发表论文 700 多篇，出版专著 100 多部，与国内 2 500 多个单位、国外 40 多个学术团体、国际组织以及 80 多个国家的科研机构和企业有着广泛交流与合作。目前国产主要粮食、经济作物和畜牧业生产以及农产品初加工所需机械与大型装备技术大部分源自中国农机院或与其他单位合作研究开发，服务于我国现代农业发展，拓展的工程机械、特种车辆、军工与航空技术也较好地服务于国民经济相关产业和国防建设的需要。

实施知识产权保护工程

中国农机院通过实施知识产权保护工程，建立知识产权的创造、运用和保护机制，提高整体把握经营和应用自主知识产权的能力与水平。

工作组织体系上，知识产权工作归口科技发展部统一管理，设专人管理负责院属单位和个人专利的申报手续，保证了申报质量。聘请法律顾问，提供相关法律咨询、法律交涉等，保障和维护权益。

管理制度上，制订了《知识产权管理办法》和《商业秘密保护管理规定》，进一步规范院知识产权和商业秘密保护与管理，及时发布国家和地方知识产权相关文件，指导专利申请、专利维护和应用。建立了专利申报评估制度，科研开发成果申报专利，须由产品研发部门、专利管理部门、市场部门等人员组成评估小组对技术的前景和效应进行评估，保证了技术秘密和权益。建立了知识产权奖励机制，院属单位和个人以院名义发表论文、申报专利、开发软件等申报和维护费用，均由院统一支付，并加大对专利获得者特别是发明专利的完成人给予奖励。

中国农机院2011年专利持有量达到242件，其中发明专利89件，处于行业领先地位。积极面向行业内企业实行自有专利技术转移辐射，提升整个行业的核心竞争力。

搭建良好的用人平台

中国农机院坚持“以人为本”理念，制定有效改革措施，建立良好的发展平台，培育学习型、创新型、实践型高效管理与创新团队。实施“用好现有人才、留住关键人才、引进急需人才、培养未来人才”的人才凝聚战略。

一是用好现有人才。完善员工职称评聘制度，推行管理、经营、科技人员分类分层及岗位动态管理，有效的约束评价机制和竞争淘汰机制盘活了内部人力资源。

二是留住关键人才。遵循人员管理的“二八原则”，稳住一头、放开一片。突破事业单位等级工资制，建立基于业绩与能力的薪酬分配体系，发挥了骨干人员的主观能动性和创新意识；吸收员工个人现金入股，把院占股份的一定比例向技术持有人、贡献突出的科技骨干配送，充分发挥关键技术开发人员的创造性。

三是引进急需人才。院重要管理岗位和重点专业的高级科研岗位，面向全国、面向海内外公开招聘，用人机制完全与市场相接轨。

四是培养未来人才。实行法人管理下的首席专家负责制，实施重大技术创新项目。设立专项培养基金，大胆启用青年人才担任重点科研项目负责人及重要管理岗位，为青年人才的脱颖而出搭建舞台。

目前中国农机院拥有研究员 258 人，副高级职称 478 人，享受政府特殊津贴专家 70 余人，涵盖耕整、收获、排灌与节水、植保、畜牧饲养、农副产品加工、生物质能工程机械以及相关材料工艺、液压、结构强度等研究领域。

着力打造高端农机品牌

经过多年建设，“中农机”品牌深受广大用户欢迎，系列产品技术先进、质量可靠、性能优良，在国内已成为最具影响力的农业机械品牌之一，在农机行业中占有重要地位。“中农机”子品牌建设也迅速发展，“中农机·碧浪”牌水稻联合收割机市场竞争力和影响力大大提高，入选商务部“最具市场竞争力品牌”，实现全喂入履带式联合收割机市场占有率全国第一。“中农机·美诺”保护性耕作和青饲料收获机、“中农机·丰美”大型免耕播种机和喷雾机、大型喷灌机组、秸秆牧草捡拾打捆机和采棉机等大批产品成为市场高技术、高性能机械的代表，市场份额不断增加。

中国农机院还积极整合销售资源，理顺销售渠道，以突出产品品牌优势、价值地位和用户满意度为重心，建立直销渠道，发展代理网络，将各个分散销售亮点连成片，结成企业整体营销网络。

图4　中国农机院生产的现代农机具

营造创新文化氛围

中国农机院将企业创新文化内涵凝练为“器利农桑，承五千年农耕文明；睿达科苑，创新世纪耒耜伟业”，围绕打造百年企业着力营造激励创新的文化氛围。

加快新闻与信息化建设，构筑企业创新文化建设阵地。不断建设完善网络与办公自动化系统，开设院有线电视系统，创办院报《中国农机人》，逐步统一总部与各下属企业品牌、标识、办公用具等文化一体化建设，形成了企业文化建设良好氛围。

倡导“自主创新、人才为本”，“决策者的胆略、管理者的素质、设计者的智慧、生产者的技能、营销者的服务”和“不可替代”型人才观，把人才作为科技型企业第一资源，造就了一批又一批的学科带头人，行业知名专家，使青年技术骨干脱颖而出。“农机院金奖”“十佳党员”“五佳青年”“五佳老人”等创先争优奖励体系，树立先进典型，营造比学赶超氛围，加强团队建设和跨越式发展，形成千帆竞发的良好局面。

企业创新成效显著

中国农机院坚持“领先半步”的创新发展战略、依靠“四位一体”的技术创新体系，突破了一批保障国家粮食安全、促进节能减排、培育战略新兴产业等领域的关键技术和重大创新产品。高端制造引领，持续创新活动提升了企业主导产品的市场竞争力，“中农机”品牌成为行业最具影响力和最受欢迎的品牌之一，大中型免耕施肥播种机、高效植保机械、秸秆收获机械、水稻生产机械等市场占有率稳居行业前列，具备自控功能的稻麦联合收割机、大型喷灌机、水稻插秧机、油菜收获机械等引领行业发展。

中国农机院的技术成果的产品开发与转化成效显著，十多年来面向行业推出的9大类378种农业装备新技术产品和100余种农产品加工装备新技术产品，推动了农机院产业的快速发展，企业规模由转企初期的1999年产值1.3亿元发展到2012年产值42亿元，同时支持服务了一批行业重点企业，引领行业技术进步，推动了行业整体科技素质的提升，支撑保障国家粮食安全和实现农业可持续发展。实现了技术创新带动产业发展，产业回馈科研的良性循环，走出了一条科研院所转制为企业的创新发展之路。

企业发展规划和愿景

中国农机院将继续以提高产业创新能力和核心竞争力为首要目标，立足研发基地建设，不断提升自主创新能力，全面推进企业建设和发展。不断完善科技创新和人才机制，优化科技创新资源的配置，形成科技与产业、研发与市场良性互动，形成自主创新的合力和集成优势，推进重大技术成果产出和实现产业化，到2020年研发投入占主营业务收入比率继续保持年均5%以上，年产值年均20%以上增长，实现技术开发水平较大提升、产业规模继续快速发展。

中国农机院始终坚持用中国农业装备，装备中国农业，艰苦创业，奋力拼搏，为我国主要粮食、经济作物、畜牧业生产和加工持续提供所需机械与大型装备。

中国农机院将肩负起更大的社会责任和使命，以打造百亿级企业、塑造百年企业文化，构建中国农机新航母，挺起中国农机工业的脊梁为愿景，以自主创新为驱动力，以高端产品制造为核心，把中国农机院建成集科工贸为一体，国内领先、国际一流的跨国集团！

• 广东恒兴

企业成长靠科技　多元经营创效益

广东恒兴集团有限公司（简称恒兴集团）是一家主营水产养殖、水产品深加工、房地产开发，参股金融和港口业务的一家大型民营企业集团，下属企业 20 多家，是中国民营 500 强企业。

恒兴集团在广东、海南、广西等沿海地区有近 10 个养殖基地，养殖面积达数万亩。恒兴集团率先推广规范化、标准化、专业化的健康养殖模式，年产无病毒、无药残的商品鱼虾 10 万吨。在广东湛江、茂名、高要，广西北海等地建有多个水产产业园，年加工水产品近 10 万吨。所属加工厂均建有完善的质量保证体系，已通过美国 HACCP 验证、欧盟注册、BRC 全球标准食品认证、ISO22000：2005 食品安全管理体系认证、GAP 良好农业规范认证和 ACC 认证，对水产品加工各个环节进行严格的质量控制。“恒兴”牌连头虾、去头虾、虾仁、蝴蝶虾、凤尾虾、面包虾、寿司虾、熟虾及罗非鱼片、条冻罗非鱼、面包鱼条等，产品远销美国、加拿大、澳大利亚、日本、韩国及东南亚等国家。

恒兴集团以“一流品牌、百代恒兴”为愿景，坚持“为客户创造价值，提供安全、营养、健康的食品，改善人类生活品质”为使命，秉承“诚信、舍得、求实、创新”的核心价值观，打造“公司＋基地＋农户＋标准”的经营模式，高度重视技术创新和产品开发，视人力资源为企业最宝贵的财富，不遗余力地建立支撑集团发展的内部管理平台，不断做强、做优、做大企业，带动广大养殖户共同致富，为国内外消费者提供优质的水产产品。

广东恒兴饲料实业股份有限公司年创立于1995年，是一家集饲料产销、种苗繁育、微生态制剂及兽药、进出口贸易于一体的民营企业。旗下拥有子公司数十家，遍布广东、广西、海南、福建、江苏、浙江、吉林、湖北等地及越南等东南亚国家。公司商标荣获“中国驰名商标”称号。其中公司特种水产饲料销量连续多年位居全国前列。

图1　广东恒兴的产业链运作模式

公司作为全国饲料工业标准化技术委员会水产饲料分技术委员会秘书处承担单位，积极参与标准化工作，制定了五项国家标准，分别是：斑节对虾配合饲料、军曹鱼配合饲料、美国红鱼配合饲料、南美白对虾配合饲料、石斑鱼配合饲料。

公司秉承“致力农业发展、创造客户价值、改善人类生活品质”的理念，立足饲料业务，积极拓展种苗业务，配套发展微生态制剂业务，坚持为用户提供健康、安全和高性价比的产品、技术和服务，协助用户实现养殖价值最大化。公司实行“公司＋农户＋标准”的运作模式，打造“饲料＋种苗＋制剂＋养殖技术服务”一体化的养殖服务平台，致力成为技术领先、服务一流、符合保障国家农产品供给和食品安全政策的综合性养殖产品、技术与服务提供商。

恒兴对科技研发工作相当重视，每年投入大量经费用于科研工作。公司建有国家863计划“海水养殖种子工程南方基地”、科技部“南海区海水种苗产学研战略创新联盟”、广东省（海水养殖）工程技术研究开发中心、广东省农业科技创新中心等研发平台，共有研发人员 140 人，其中具有高级职称 7 人，中级职称 22 人，人员来自水生生物、水产养殖、水处理等学科，具有深厚的技术功底和较强的创新能力。近三年来，公司先后承担国家级及省级项目 12 项，已获得省级科技奖励 7 项。截至 2012 年底，公司共申请了 49 件专利，其中 38 件已获得专利授权证书。随着知识产权建设的投入力度逐年加大，恒兴正着力打造核心技术知识产权的保护框架。

图 2　恒兴公司的 863 南方基地

多管齐下促“创新”

公司董事长陈丹高度重视科技创新，多年来，公司不遗余力加大科技投入，让科技创新推动企业的发展，实现企业利润稳步提升的同时，也带动整个行业的发展。

运营国家种子 863 基地，孵化、推广新型技术成果

2002 年，恒兴在广东湛江东海岛投资 1.2 亿元兴建被誉为

“蓝色硅谷”的“海水养殖种子工程南方基地”（国家“863”计划之一），开创了中国民营企业家独力承担国家重大科技项目的先河。基地建成以来，先后承担或参加国家“十五”、“十一五”国家科技攻关项目及科技支撑项目，其中“农业龙头企业产学研科技创新模式与示范”获广东省科技进步特等奖，“斑节对虾和凡纳滨对虾病毒综合控制研究”获广东省科技进步一等奖，“大规格优质成品对虾养殖技术”获中国水产研究院科技进步二等奖等，成为我国南方对虾标准化养殖的核心基地。

重视饲料研发，推动水产饲料行业标准化进程

恒兴积极实施“科技兴饲”战略和名牌带动发展战略，加大科技研发和产品创新力度，建立了集团科研中心，开展饲料标准化研究工作。辛勤耕作让恒兴在水产饲料行业中赢得了重要的地位。公司多个饲料产品荣获“中国名牌”，“恒兴商标”荣获“中国驰名商标”称号，特种水产饲料销量连续多年位居全国首位。近年来，恒兴主持了 5 项水产饲料国家标准的起草并获通过，有效推动了我国水产饲料标准化进程，董事长陈丹荣膺“改革开放三十年推动饲料工业发展十大功勋人物”。

图 3　大规模的标准化养殖基地

倡导种业自有品牌研发，科研走在行业前头

种苗对海洋农业至关重要，发展海洋鱼虾贝藻的增养殖是海洋生物资源的合理开发利用与持续性发展的根本措施和策略。当前，南美白对虾一代苗生产亲虾超过80%来源于国外，白虾养殖业仍受制于人。随着近年国家海洋农业的蓬勃发展，水产种业作为海洋农业的关键所在，逐渐被科研机构和企业所重视。恒兴对海洋种业有着敏锐的触觉，早在饲料业务高速发展的时期，便启动了种苗繁育方面的研究。经过近10年的对虾品系研究，恒兴与中山大学选育并获得了南美白对虾抗WSSV的“中兴1号”和快速生长的“中兴2号”两个品系。其中“中兴1号”于2011年4月通过全国水产原种和良种委员会认定获得新品种证书。目前，“中兴1号”种苗在全国范围内推广养殖面积2.5万亩以上，养殖80多天规格可达50～90头/千克，且抗病力强，成活率高，养殖成功率80%以上。研发海水经济鱼类繁育，年产各种海水鱼苗1 500万尾，其中卵形鲳鲹年产1 300万尾。

参与水产加工行业标准制定，倡导产品质量可追溯体系

作为恒兴产业链龙头的水产加工业一开始就立足于高起点、高质量、高标准，全套引进目前国际最先进的设备、技术和生产工艺，积极开展水产品精深加工、质量安全评价相关领域的研究，研究成果备受行业关注。公司参与制订了多项行业标准，如：参与中国水产流通与加工协会组织制订的行业标准SC/T 3120—2012《冻熟对虾》，参与制订地方标准DB44/T 871—2011《水产品加工企业节水生产技术规范》，主持起草了地方联盟标准《水产品冷链物流技术规范》，并获得广东省标准化管理部门的立项。

图 4　恒兴公司的水产加工车间

多方合作助发展

恒兴整体科研实力虽然在行业内处于先进地位，但在学科前沿的基础研究和应用研究水平方面还深感力量不足。因此，公司从整个产业发展趋势及粤西水产、畜禽养殖市场的需求出发，积极寻求新的产学研深层结合模式或战略合作方式，培育自身科研能力。恒兴与中山大学、中国海洋大学、广东海洋大学、中国农业大学、中科院南海海洋研究所、中国水产科学院南海水产研究所、中国水产科学院黄海水产研究所等多所中国国内著名科研院所保持密切的合作关系，聘请了国内 40 多名包括院士、教授在内的知名专家担任公司常年技术顾问；与拥有世界先进海水育苗、育种技术的美国太平洋大学夏威夷水产研究所建立了战略合作关系；此外，还与挪威、丹麦和我国台湾等水产养殖发达的国家和地区建立了长期合作关系。

近年来，恒兴与相关院所签订了科技特派员协议，承担了“广东省产学研结合企业科技特派员工作站”的建设，取得了丰硕的科研成果。众多科研院所也都把恒兴水产科技园和养殖试验场作为学生的实践和科研及产业化基地，不少科研项目是在这样的科研合作氛围下共同完成的。为了更好的引入人才和开展深度合作的创新机

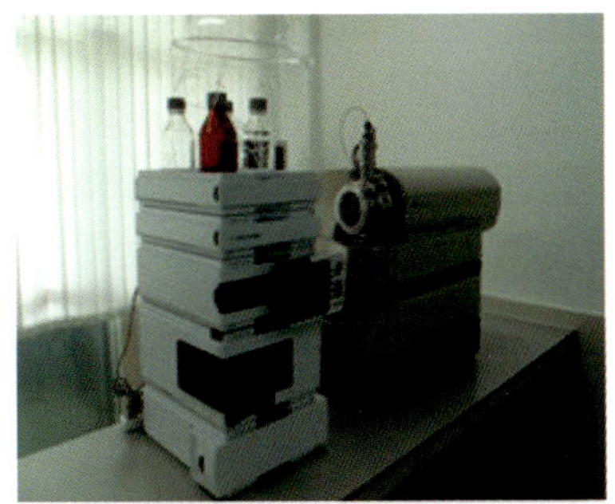
LSC-7600 CHARM Ⅱ
用途：药残检测的主要检测设备，重点对硝基呋喃代谢物类、孔雀石绿类、结晶紫类、喹诺酮类、四环素类等项目分析

Weters高效液相色谱
Waters HPLC
用途：主要用于对三聚氰氨、四环素、氨基酸等项目检测。

B 324定氮仪
BUCHI Distillation Unit B-324
用途：主要用于测定饲料中的氮、粗蛋白含量及挥发性盐基氮等

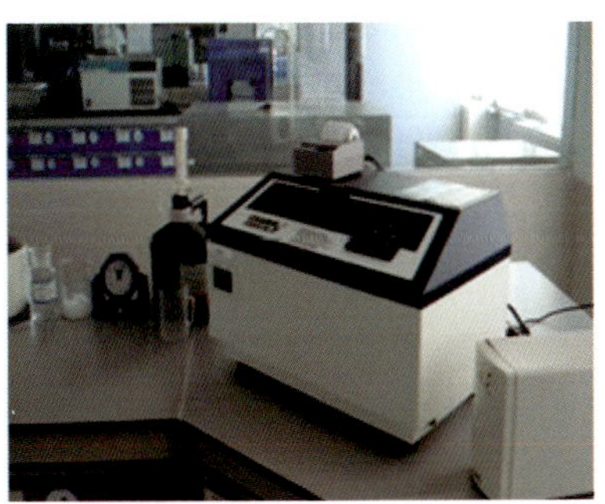
LSC 7600 CHARM Ⅱ
用途：主要用于对氯酶素、磺胺类、四环素类等项目分析。

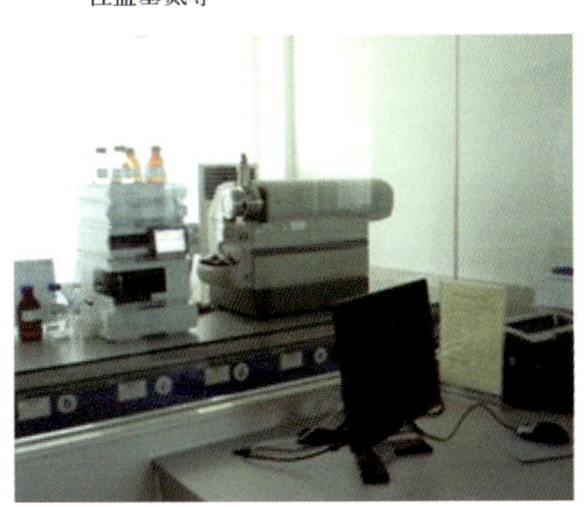
LC-MS-MS

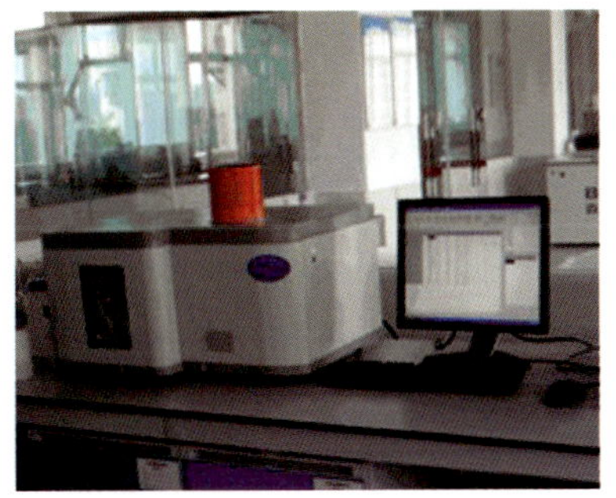
仪器名称：原子荧光光度计
用途：主要用于检测饮料、水产品、水质等中的砷、汞等重金属

图 5　恒兴公司的现代化检测中心

制，2012 年 12 月，公司与中山大学生命科学学院联合共建了“博士工作站”。在寻求新的产学研深层结合模式上，2012 年公司与广东、海南、广西三地的高等院校、科研单位、技术推广单位及相关企业共 8 家，共同组建的“南海区海水种苗产业技术创新战略联

盟”试点获得了国家科技部审核通过。此外，由公司牵头，联合2所高校、2家企业和1家科研机构共同组建的“广东海水种苗产学研技术创新联盟”也于同年被列入2012年第二批广东产业技术创新联盟建设计划。这些产业创新和产学研联盟的建设均是公司立足于推动整个饲料产业创新的发展愿景，积极探索构建深层产学研结合的长效机制的成果之一，这些成果对加强产业技术研发创新和成果扩散，完善产业技术创新链，带动中小企业创新发展，提升产业核心竞争力起到了十分重要的推动作用。

多元激励出活力

公司始终坚信科学技术是第一生产力，在科研投入方面不吝啬、不浪费，提供充足的研究经费以及完备的设备器材，制定了公司科研经费的管理制度和科研奖励制度，达到人尽其才、物尽其用的效果。通过不断深化科研体制改革，大力实施科技创新、管理创新，公司自主创新的能力和水平得到稳步提高，提升了公司的核心竞争力，促进了企业创新环境的优化和创新观念的转变，为公司持续快速协调发展提供了强大的动力。

回顾多年的工作，恒兴深深体会到，企业科研体制创新最终还是要回归到四个基本面：一是建立以市场为导向的科研体制，什么样的产品符合国家政策的要求，什么样的产品符合产业节能减排的趋势，什么样的产品符合农户低投入高产出的需要，这些都是恒兴部署产品研发工作时首要考虑的问题。二是合理的所有制结构体制。针对以往单干、投入大、成效慢的科研状况，恒兴采取了较为灵活的所有制结构体制，包括邀请国内外科研院校加盟，广泛开展产、学、研合作活动等，不仅将国家研究资源调动至企业应用领域，也减少了国家经费、企业经费的重复性投入，取得了显著的经济、社会效益。三是转变公司总部职能，变分散管理为集成管理，对职能进行整合，简化科研审批程序，生产、科研独立考核，调动科研人员积极性。四是鼓励全员创新，形成了公司创新发展的内部动力，公司通过精神和物质奖励相结合，激励事迹的宣传推广，在公司内部激发了一股积极创新、钻研技术的科研热情，成为了企业创新发展的内部动力。公司十分注重员工培训和集体活动，强调个人与企业目标一致，企业目标与社会发展一致，高度重视员工职业生涯规划和人才培养工程。近三年组织员工开展各种技能比赛共5次、技能交流及培训会议23次，超过30人因技术提高而得到晋升，公司开展的多元化群众性技术创新激励活动一方面很好的活跃员工的创新意识，增进工作合作默契；另一方面也提高工作技能，促进工作创新。

公司十分注重人才建设管理，制定了多项公司内部管理制度和科技创新奖励制度。

（1）竞争激励制。实行全员劳动合同制和聘任制，实施竞争上岗，通过职工和岗位的双向选择，优化人力资源配置，使人才找到能真正实现人尽其才的岗位，调动职工创新的积极性和主动性。

（2）培养激励制。结合单位的发展需要，建立正常的人才培养机制，通过学习进修、工作考察、短期培训、自学等方式给所有职工提供学习深造的机会，不断提高员工技术、业务和思想素质，不断培养和发现人才。

（3）精神激励制。对于成绩突出的职工，给予相应的荣誉称号和待遇，并利用各种有效的媒体大力宣传其业绩，提高其社会知名度和美誉度，创造一个尊重先进、学习先进、争做先进的良好氛围。

（4）考核奖励制。根据职工的不同职位和工种，建立了有效的绩效考核指标体系，实行严格的分类量化考核，给每位职工一个客观的、公正的评价。并将其作为确定工资待遇，实行奖惩、晋级、职务升迁任免、竞争上岗的重要依据。

（5）分配激励制。认真贯彻效率优先、兼顾公平的原则，将报酬与业绩贡献挂钩，建立了有效的分配激励机制。鼓励和支持职工积极创新，大胆改革，以创造性的方式开展工作，实现超常规发展。为充分调动科技人员积极性，促进体制、技术创新和分配机制创新，使科技成果尽快转化为现实生产力，把技术要素参与分配作为一项规章来实施。

多方共建筑平台

恒兴作为农业产业化国家重点龙头企业及国家火炬计划重点高新技术企业，高度注重科技投入和科技创新，已先后建立了“恒兴科研技术中心”“恒兴质量检测中心”“广东省海水养殖工程技术开发中心”以及“湛江市工程技术研究开发中心”4个科研机构，拥有国家级基地——国家“863计划”海水养殖种子工程南方基地、国家“863计划”成果产业化基地，省部级基地——广东省南美白对虾良种场，这为研发工作的开展提供了便捷、高效的实施平台。2012年恒兴还通过了“科技部南海区海水种苗产业技术创新战略联盟”“广东海水种苗产学研技术创新联盟”两个技术创新联盟试点认定，联盟主要针对遗传育种、亲本培育、可控产卵、高效孵化、饵料供应到育苗模式的一整套海水种苗培育技术体系，形成海水鱼和对虾育苗产业的各项核心技术标准；构建了海水鱼和对虾育苗产业的技术支撑体系，支撑和引领产业发展与技术创新。

为更好的引入人才开展深度产学研合作，提升企业自主创新能力，2012年12月，公司还与中山大学生命科学学院联合共建了“博士工作站”。这些研发机构的创建，为公司开展水产、畜禽饲料配方及生产工艺的研究提供了十分完善的科研平台。近年来，基于企业科研平台的良好运作，公司已先后研制出“恒兴”牌系列高效环保配合饲料10多个系列30多个品种，持续提升了企业产品的核心竞争力。

近年来，国家对海洋种业给予了高度的关注。恒兴紧跟步伐，在水产繁养业务中加大了科研力度，积极投身于国家海洋农业的建设浪潮当中。2013 年，农业部在湛江主持启动了“南海现代海洋渔业重大科技创新基地”建设，恒兴为依托单位；农业部重点实验室（企业）——“农业部南海水产动物育种与养殖重点实验室”，恒兴为依托单位。通过创新基地相关工作的开展，恒兴将联合国内其他在南海海洋渔业方面有研究基础和优势的科研、教学单位、学会、协会和企业，统筹资源，针对南海现代渔业的共性与关键性技术，开展协同创新，努力为国家海洋农业的发展做出贡献。

恒兴职工总数近万人，其中大专学历以上科技人员 1 381 人，博士 4 人，硕士 85 人。专门从事研发的科技人员共 140 人，其中高级职称 7 人，中级职称 22 人，形成了一支强有力的研发队伍，研发水平国内领先。在建设科研团队方面，公司对现有科研人才资源进行细分，建设了种苗、养殖、加工、饲料、动物保健等专职研发队伍，把现有的“全能”科研人才细分转变成专业技术更为突出的专项人才；通过对科研人员进行去行政化，引入技术职称评聘，能者居之，提升了科研人员的薪资待遇，平衡了职位差异，建立了完善企业内部考核体系与激励体系建设，促进企业创新活动的开展。此外，公司还加大了高素质科研人才的招募力度，增强了各研发小组的科研能力，为企业科技发展提供足够的人力资源保障。同时，公司积极开展对研究骨干的培训，提供其参加国内各种会议的机会，提高综合科研素质，培养一批优秀的中青年水产动物营养科学工作者队伍。

多面协作出“实效”

积极承担各级各类科技项目

近三年来（2010—2012），恒兴先后承担了国家级及省级科研项目 12 项，获得国家海洋创新成果奖二等奖 1 项，广东省农业技术推广奖一等奖 1 项、三等奖 3 项，中华全国工商业联合会科技进步一等奖 1 项、中华全国工商业联合会科技进步二等奖 1 项，湛江市科技进步奖二等奖 1 项、湛江市科学技术奖三等奖 1 项以及水产新品种认定 1 项。截至 2012 年底，公司共申请了 49 件发明专利，其中 38 件已获得专利授权。此外，恒兴采用产学研科技创新模式，和中山大学、中科院南海海洋研究所、中国水科院南海水产研究所等进行技术合作，孵化新型技术，已有 5 项成果获得转化。

不断加大科技创新经费投入

恒兴每年的研究开发经费投入占当年销售收入的 3.5%以上，主要用于对虾育种、繁殖与养殖的研发、名贵海水鱼类（鞍带石斑、卵形鲳鲹、珍珠龙趸等）的繁殖与养殖、对虾工程化养殖的研究、深水网箱装备与养殖的研究及新技术研发储备等方面，整体研发水平居国内先进。

图 6　恒兴公司的网箱养殖技术

从2001年以来，公司利用科研经费先后建立了海洋生物工程技术研究中心、广东省农业科技创新中心、国家“863计划”海水养殖种子工程南方基地以及6个养殖试验基地，为科研院所提供科研实验平台。此外，恒兴每年还拿出一定的科研合作经费，与中国海洋大学、中山大学、中科院南海水产研究所、广东海洋大学等多所高校科研所合作，并将触角延伸到水产业发达的美国、泰国、挪威和我国台湾等国家和地区，建立战略合作关系，取得了大批科研成果。

面向社会开展技术服务

恒兴始终将社会责任放于首位。作为水产饲料分技术委员会秘书处承担单位，恒兴主持了5项行业国家标准的起草并获通过，有效推动了我国水产业标准化的进程。恒兴还积极投身社会主义新农村建设，公司每年拨付200万元作培训基金，对农民进行技术培训，让他们免费获得符合国际标准的科学养殖知识，保证农产品的安全。设立了家禽服务中心和水产技术服务中心，免费为当地农民提供便利服务。多年来，恒兴免费培训农民10多万人次，提供扶持资金6 000多万元，帮助周边地区农民走上致富道路。

恒兴有着一颗开放、互助的心。旗下检测中心面向社会开放检测服务，共享研究开发设备、科技人才等资源，旨在提升水产业中小型企业的检测能力，促进粤西水产业的可持续发展。近三年来，恒兴质量检测中心为粤西水产品加工及水产饲料中小企业共提供了超过200次检测服务及10次以上的检测培训及交流活动，检测技术培训人次超过300人次，极大地推动了湛江养虾业的健康发展。扶持湛江农海产品精深加工产业，提高当地对虾加工业对食品安全的认识，引导个体水产养殖户自觉运用无公害水产养殖技术，保证水产品品质符合出口要求，增强湛江市水产品的市场竞争力，实现了行业技术规范化及产品标准国际化。

脚踏实地，以愿景目标引领企业发展

企业将整合养殖、加工、饲料等业务优势资源，强化板块间协同运作，强化支撑集团发展的内部管理平台，确保经营效益的稳步提升。今后企业科研创新工作，将围绕业务发展需要，利用自身现有优势，不断锤炼系统集成技术，形成具有企业特色的技术创新体系，完全掌握核心技术并拥有自主知识产权，整体技术水平到达国际先进水平，把公司建设成为引领行业发展的高技术创新型企业。在未来的创新规划建设中，公司将主要从以下几方面开展：

（1）建立完善南海渔业科技创新基地及其他创新平台的运行与激励机制，保障科研合作的顺利开展和成果的获得。

（2）继续加大科研经费的投入力度，扩展科研人才队伍，形成行业技术科研人才高地。

（3）建设知识产权优势企业，完善知识产权制度构建和开展网络化保护框架体系建设。

（4）在已有的产学研合作基础和平台上，深入开展多项行业共性技术的产学研合作，引领南海渔业经济可持续发展。

• 苏州吴江水产

科技创新是水产养殖业转型升级的动力之源

苏州市吴江水产养殖有限公司的前身是国有吴江市水产养殖场，于 1950 年建场，2004 年改制，是江苏省苏州市境内实现现代公司制度管理的渔业股份制企业，地处苏、浙、沪两省一市的交汇处——吴江区平望镇。公司是集苗种繁育、商品鱼生产与加工及科研为一体的现代科技型企业。公司管辖 61 870 亩养殖大水面，池塘 1 568 亩，下设 5 个养殖分公司，分布在全区七个乡镇。

图 1　快速成长的吴江水产养殖公司

公司每年生产水产苗种 5 亿尾，占领周边苗种市场的 80%；商品鱼生产达 8 000 吨以上，极大地丰富了本地区的菜篮子。公司注册资本 500 万元，职工 252 人，各类专业技术人员 38 人，硕士学历以上 5 人。公司先后被评为农业部大宗淡水鱼繁育与健康养殖技术重点实验室、国家级四大家鱼水产原种场、江苏省草鱼遗传育种工程技术研究中心、江苏省博士后创新实践基地、江苏省农业科技型企业。国家级草鱼遗传育种中心的建设工作正在顺利进行。

图 2　已经建成的草鱼遗传育种中心

创新团队：企业转型升级的持续动力

苏州市吴江水产养殖有限公司的企业负责人——王荣泉，水产高级工程师。该同志从事水产养殖行业淡水鱼的养殖、育苗、生产管理等，练就了较高的专业素养，锻炼了渔业生产技能，积累了丰富的实践经验。在科技创新方面具有独特的眼光，作为公司科技研发方向的指路人，其本人取得了多项成果，主持农业部重点工程项目 2 项：国家级水产原种场、江苏省草鱼遗传育种中心；省科技厅重点工程项目 1 项：江苏省草鱼遗传育种工程技术研究中心；近几年带头参与江苏省科技支持计划项目 2 项、江苏省三项工程项目 3 项；撰写参与 10 余篇学术论文，第一作者 4 篇；个人获得全国农牧渔业丰收奖、中国水科院科技进步奖一等奖、省第三届创业之星等荣誉称号；由王荣泉同志带领的苏州市吴江水产养殖有限公司曾多次获农业部水产健康养殖示范场、省农业重点龙头企业、省农业科技型企业、省博士后科研流动站等省级挂牌；带头开发申请专利26项，授权发明专利2项，授权实用新型专利6项。

图3　吴江水产养殖公司的科技创新带头人——水产高级工程师王荣泉

公司在长漾科技园建成淡水鱼良种研发中心，总面积为1 000平方米，建有环境资源保护、遗传育种、健康养殖模式分析、营养与饲料、病理与病害等5个专业性实验室，主要从事新品种的开发与草鱼良种的选育等工作。目前，公司研发团队由38名水产专业技术人员组成，硕士5人，拥有高级技术职称的2人，中级技术职称7人，中级以下17人，技术工人12名。为进一步加强中心的科研实力，公司先后与中国水产科学研究院无锡淡水渔业研究中心、上海水产大学、华中农业大学合作建立了产学研为一体的基地，并成立了四大家鱼良种工程技术研究中心技术委员会，聘用长期坚守在科研岗位的5名专家、教授为该委员会委员。近年来，公司与产学研单位联合开展的草鱼良种选育研究工作正在顺利开展，常年有1～2名在读硕士研究生驻扎在公司的生产基地做毕业论文实习，并在每年的草鱼繁殖季节，都会有1名在读博士、硕士研究生及若干本科生来公司进行生产指导或实习，极大地加固了公司和产学研合作单位的良好合作关系，为开展高技术含量的研究课题打下了坚实的基础。

图 4　公司的种苗培育基地

研发体系：现代企业竞争力的核心引擎

公司的研发经历了从无到有、从少到多、从弱到强的过程。第一阶段，1950 年建场初期，公司为国有吴江县水产养殖场，该时期以渔业生产为主，没有专门的研发人员，以生产人员为主；第二阶段，1980—2004 年转企改制为股份制企业，此阶段公司有了专门的研发机构，人员在 10 人左右，主要从事水产苗种人工繁育、大水面生态养殖方面的研究工作；第三阶段，转制之后，公司成立了专门的研发小组，人员 38 人，全部为水产养殖专业毕业的技术人员组成，先后承担了科技部、农业部、江苏省、苏州市等各级科技项目 20 余项，此阶段公司的研发水平得到了质的提升。公司十分注重科技研发工作，结合科研项目的实施，公司每年投入 500 万左右的资金用于草鱼等新品种的研发，也取得了多项各级科技成果奖项，其中《青虾良种规模化繁育和产业化示范》项目获全国农牧渔业丰收奖以及中国水产科学研究院科技进步奖一等奖，《外荡网围仿生态养殖甲鱼研究》荣获苏州市科技进步三等奖，《杂交鲟鱼培育关键技术的研究》《蓝鳃太阳鱼的引种养殖》《池蝶蚌的引种养殖试验》分获吴江市科技进步一、二、三等奖。在攻关项目的同时，积极总结经验，申请专利26项，授权发明专利2项，授权实用新型专利6项。

图5　公司的规模化养殖基地

公司十分重视科技研发工作，结合科技项目的实施，每年自筹500万元左右的资金用于研发投入。在总公司财务部门统一管理下，建立研发中心专门的账户，严格财务管理制度，保障各项科研资金实行专户管理，专款专用，所有科研资金支出一律实行项目负责人审批制，从而切实做好研发中心的各项财务工作。企业的研发不像高校、科研院所那样，具有固定的资金来源，并且数量较大。作为企业，大部分科发经费均从当年的盈利中提取。企业的研发课题一定要切合公司的发展需要，并转化为生产力，这样的研究才有意义、才能长久。为鼓励广大研发人员的创新积极性，设立有效的奖励机制也显得尤为重要。此外，公司一定要有长远的发展眼光，制定好发展方向之后，就要坚定不移地走下去，不要因暂时的挫折和失败而气馁。

公司技术储备雄厚，现有中高级等专技人员38人，半数以上达到大学本科学历，硕士学历科技人员5名。拥有高级技术职称的2人，中级技术职称7人，中级以下17人，技术工人12名。公司每年招收本科及以上学历人员1～2名，扩大研发队伍，以此加大公司的自主创新能力。企业研发中心设立专门的领导小组、理事会、学术委员会和科研小组，分别负责研发中心的管理、研发等工作，具体职责、任务和相互关系如下：

领导小组：由公司主要领导及技术依托单位的负责人担任。负责研发中心年度宏观计划的制订，协调各部门的关系。

理事会：由公司主要领导组成。负责召开各种研讨会议，制定内部管理制度等；针对研发中心存在的问题、发展方向、工作目标，结合实际情况，提出可行性意见、措施，为领导小组的决策提供依据。

学术委员会：由公司技术负责人及部分特聘专家组成。负责科研项目的申报工作；年初组织科研小组做好科研学术计划，并提交领导小组进行审议；负责聘请水产专家作为研发中心的技术顾问；组织有关学术活动，增强科技人员的技能水平；组织有关人员评定科研成果，提出对科技人员考核晋升的意见与建议等。

科研小组：由公司的技术骨干人员、特聘专家及依托单位的项目科研人员组成，80%达本科学历以上，其中硕士生5名，本科生6名。组长、副组长各由一名专家担任，由学术委员会来委任并加以领导。科研小组负责具体实施由学术委员会制订的各项科研计划。

产学研合作：企业提升自主创新能力的必由之路

公司与上海海洋大学、中国水产科学研究院淡水渔业研究中心、华中农业大学、江南大学、苏州大学等高校、科研院所建有良好的产学研合作关系，从中长期聘用5名专家、教授为公司技术顾问。在草鱼遗传育种的研发方面，公司与上海海洋大学的李家乐教授建立了长期的合作关系，李家乐教授长期从事水产动物种质资源、育种及水产养殖研究，已育成康乐蚌等新品种，并与新加坡国立大学淡马锡研究所等国际一流研究机构保持长期合作伙伴关系。其研究组已对草鱼种质资源及草鱼分子生物学进行了深入研究，并与淡马锡研究所合作开发出草鱼微卫星分子标记 1 500 个，并与其共享亲子鉴定等分子标记辅助育种技术。

图 6　公司培育出的新品种——太阳鱼

2006 年以来，公司承担部、省、市各重大工程、重大科技攻关项目有 20 余项，其中农业部重点工程项目 2 项：国家级水产原种场、江苏省草鱼遗传育种中心建设项目；省科技厅重点工程项目 1 项：江苏省草鱼遗传育种工程技术研究中心；江苏省农业科技支撑计划项目 2 项；江苏省三项工程项目 5 项。

通过引进不同地理种群的草鱼原种，与上海海洋大学合作，公司在 BLUP 育种技术基础上，通过草鱼种质收集与评估—构建基础群体—性状测试—抗病能力测试—遗传参数估计—制定经济性状的选择策略和个体选配方案—建立草鱼良种的扩繁推广体系，结合草鱼人工繁殖、苗种培育的特点，经自主创新后，建立的适合完善和提升我国水产原良种体系的淡水家鱼育种技术，研究水平达到国内领先。

吴江水产承担的国家项目执行情况一览表

序号	项目来源	项目类别	编号	项目名称	起止年月	资助金额	备注
1	苏州市科技局	科技发展计划	SZG0606	苏州市四大家鱼良种工程技术研究中心	2006.6－2008.3	60	验收
2	吴江区科技局	重点支持农业科技计划	WN200633	杂交鲟鱼种培育关键技术的研究	2006.3－2007.12	50	鉴定
3	苏州市科技局	农业科技计划	SNG0715	草鱼良种繁育技术与推广	2007.3－2009.12	20	鉴定
4	吴江区科技局	科技招标	WNZ200701	淡水养殖水体生态调控技术研究与示范	2007.6－2009.12	15	鉴定
5	吴江区科技局	重点支持农业科技计划	WZN200730	花骨规模化育苗技术研究	2007.6－2009.6	50	鉴定
6	科技部	国家农业科技成果转化	1002007GB2C100114	黄颡鱼规模化扩繁与健康养殖	2007.5－2009.5	50	验收
7	农业部			国家级四大家鱼良种场	2008.4－2009.4	213	验收
8	省科技厅	农业发展科技攻关	BE2008321	草鱼快速生长新品系选育与规模化健康养殖技术	2008.3－2011.3	45	鉴定
9	省海洋与渔业局	水产三项工程保种	GX2008－6	四大家鱼良种后备亲本的选育与生产	2008.8－2009.12	25	验收
10	吴江区科技局	重点支持农业科技计划	WN200833	种内杂交技术在草鱼育种上的应用	2008.7－2009.12	60	鉴定
11	吴江区科技局	重点支持农业科技计划	WNZ200965	华鳈的驯化及繁养技术的研究	2009.6－2010.12	50	鉴定
12	吴江区科技局	农业科技计划	WNZ200959	细鳞斜颌鲴的种质保存与培育	2009.6－2010.12	6	验收
13	省海洋与渔业局	水产三项工程保种	BZ2009－3	吴江市四大家鱼良种保种项目	2009.8－2010.12	20	验收
14	省海洋与渔业局	水产三项工程示范区建设	Y2009－4	水产良种规模化繁育与健康养殖示范区建设	2009.8－2010.7	100	验收
15	省海洋与渔业局	追加高效设施渔业	9	太湖特色水产品高效规模化繁养基地建设	200.6－2010.7	50	验收

（续）

序号	项目来源	项目类别	编号	项目名称	起止年月	资助金额	备注
16	苏州市科技局	农业科技计划	SNG201016	蓝鳃太阳鱼快速生长新品系选育	2010.7－2012.12	30	鉴定
17	吴江区科技局	重点支持农业科技计划	WN201062	利用BLUP技术开展草鱼新品系选育	2010.6－2011.12	50	验收
18	省海洋与渔业局	水产三项工程保种	PJ2010－13	草鱼快速生长新品系选育与健康养殖技术研究	2010.7－2012.12	40	进行
19	吴江区科技局	重点支持农业科技计划	WJ201159	60Co－γ射线对草鱼的诱变效应和育种研究	2011.6－2012.12	50	验收
20	省科技厅	科技创新与成果转化	SBE201130279	华鲮多性状复合育种技术研究及新品系选育	2011.1－2013.12	60	进行
21	科技部	星火计划	2011GA690376	改良型快速生长草鱼养殖示范与推广	2011.5－2014.4	10	验收
22	省海洋与渔业局	水产三新工程保种	27	四大家鱼种质保存及后备亲本培育	2012.1－2012.12	25	进行
23	吴江区科技局	重点支持农业科技计划	WN201261	津鲢的引种及与原种鲢生长对比的研究	2012.6－2013.12	50	进行
24	省科技厅	工程技术研究中心	BM2012447	江苏省草鱼遗传育种工程技术研究中心	2012.7－2015.12		进行

发挥科技优势，履行社会责任

公司的研发中心不仅为本企业提供技术服务，还为需要技术支持的企事业单位提供帮助，并为产学研合作单位提供一个培养人才的研究平台，对于广大养殖用户，研发中心将举行知识讲座和各种培训班来对其加以指导、培训，并对关键技术点进行示范，必要时进行现场指导。通过以上服务形式来确保研发中心的成果得以顺利应用与推广，切实实现科技资源的共享。

2013年，公司先后邀请上海海洋大学李家乐教授、中国水产科学研究院无锡淡水研究中心傅洪拓研究员、中国水产科学研究院黄海水产研究所孔杰研究员、苏州大学宋学宏教授来公司做了草鱼遗传育种、青虾养殖、对虾养殖和水环境保护等多个专题报告。公司员工和周边养殖户等507人次参加了专题讲座活动。此外，公司还先后开展了鱼病诊断活动87次，服务渔民103人次，对养殖活动起到积极的指导和辅助作用，受到周边渔民的欢迎。

图7　公司正在建设的现代渔业示范园

科技创新在助力企业长足发展的同时，也不断推动企业转型升级。公司在未来的5年内，将重点打造长漾科技园，在园内建设完成国家级草鱼遗传育种中心建设项目，园区400亩的农产品物流与加工区，与吴江市文化农业示范园合并共建。建设科学、生态、休闲的现代化科技示范园，规划投资建设智能化、数字化物联网科学管理系统，打造现代化科普教育基地，丰富休闲旅游项目，提升草鱼遗传育种中心科研条件，打造出集生产、科研、科普教育、休闲旅游于一体的现代渔业示范园。

·安徽朗坤物联网

多管齐下　创新兴企

安徽朗坤物联网有限公司（下称朗坤物联网）是国家传感网络标准工作组成员单位，是全国定位于农业物联网技术研发与系统集成应用的龙头企业，安徽省农业物联网工程核心实施单位。参与传感器接口、系统架构标准化工作。公司长期从事农村信息化建设、农产品深加工的技术研发、生产、分销及海外市场的拓展，经济效益良好。公司近两年专业致力于利用物联网、云计算与移动互联等新技术来推动农业现代化的高新技术企业。主要产品为农业物联网数采终端，大田作物"四情"监测综合服务平台，农产品质量安全追溯平台。与中国科学院合肥物质研究院、安徽农业大学围绕新农村建设而共同组建的实验室被农业部批准为"农业部农业物联网技术集成与应用重点实验室"；与中国科学院合肥物质科学研究院共建的"安徽省新农村物联网工程技术研究中心"，是由安徽省科技厅批准成立的全国首家定位于农业物联网关键技术研发与系统集成的研究单位。通过近年来的努力耕耘，朗坤物联网在标准制定、高端技术研发和示范应用三个方面全面发力，业已成为国内农业物联网领军企业之一，同时也是国家农业部和科技部重点支持的农业物联网对外技术引进、消化、吸收的主支撑单位。

目前朗坤物联网拥有 200 余人，其中研发人员 105 人，有包括国际项目经理、高级项目经理、微软认证高级工程师、系统架构师在内的系统软件开发和系统集成人员 30 多人，已经建立了一支从前沿关键技术、标准制定、测试验证平台、示范到市场推广的队伍，具有承接国家大科学工程任务的经验。每年有不低于 200 万的研发经费投入支持研发活动。公司在前端传感器的数据采集，尤其是动植物本体感知传感器的开发、农产品生产过程控制、农业物联网云服务平台建设、数据挖掘与分析、设备的远程化控制等方面具有独特优势。公司业已组建院士工作站和博士后流动站，累计专利申请受理数 30 个，专利授权数 6 个。

朗坤物联网长期以来借助物联网、云计算等新一代信息技术手段，发展优质高产高效农业，打造从农田到餐桌，覆盖生产、加工、物流、销售、消费五大领域的全产业链质量追溯体系，从而协助政府和企业解决中国的粮食安全和食品安全问题；作为安徽省农业物联网工程顶层设计唯一参与企业，朗坤物联网组织实施农业物联网重大技术专项，积极推进应用系统软件开发及传感器、数据采集终端、接口中间件、系统集成等关键技术攻关研发。

整合资源，以创新为驱动力

公司的法人代表人徐珍玉，是公司管理体系、经营活动、公司和社会效益的总策划设计者，更是一个敢于创新、敢于拼搏的人。他曾说："农业物联网企业的领导人，需要有充分的整合能力，包括技术资源整合、工作团队整合、政治资源整合，同时也要有一个包容的胸怀、互利共赢的思想和学习的精神，你面对的现实就是创新，并没有一条可以模仿的路子让你走"，在谈及"朗坤物联网"快速发展的驱动力时，徐珍玉认为发展农业物联网与互联网是有所不同的，必须更加有所创新，才能适应这日新月异的社会和造福社会。在徐玉珍的领导下，公司认识到研发团队是公司的核心力量，通过推进公司的企业文化建设，倡导队伍的创新和团队精神，有创新力的员工进行物质和精神上奖励，调动研发团队主动创新的积极性，提升公司核心竞争能力。在科研团队的努力下，不断研发出新产品和引进新技术进行改良，把物联网技术广泛应用在温室大棚蔬菜生产、畜牧养殖、茶叶生产等多个领域，2012 年完成了安徽省 56 个小麦、水稻主产县以及 13 个重点县整县推进物联网应用，促进了农业现代化。

图 1　徐珍玉董事长受邀参加第四届中国国际物联网大会

大力投入，组建高效研发团队

为吸引优秀人才加入研发团队，公司成立专门的研发部门，每年投入不低于 200 万的研发经费支持研发团队开展研发，吸引了大量博士硕士学历及科研院所的多位经验丰富的农业物联网技术专家，共同构建成了一支朝气蓬勃、奋发向上，求实创新、勇于拼搏的高素质研究开发队伍。这支队伍人才结构合理，年轻化、高效化、创新性强、思想稳定，为公司的可持续发展奠定了坚实的基础。除建立了起核心技术的研发团队外，朗坤物联网还壮大了市场应用推广团队，以及产品检测、验证、反馈和服务的保障团队。这 3 支队伍相辅相成，紧密配合，使农业物联网的技术体系既完整统一，又各有侧重，形成了从技术研发到成果转化，从产品生产到产业化应用的良好运行模式。

如何在组建团队后将研发团队的积极性调动起来，公司进行了几年的尝试。归根到底，在满足员工的基本需求、掌握员工主要思想动态之外，还要完善人才培养、管理机制。研发团队每年都有新的物联网技术人才输入，聘请专家定期组织培训，安排研发人员出国考察，引进先进的国外物联网技术，如 2013 年 3 月召开的以色列农业物联网应用实训会，2013 年 10 月份派出研发人员赴以色列学习。另外组建的“农业部农业物联网技术集成与应用重点实验室”“安徽农业物联网产业技术创新战略联盟”“安徽省新农村物联网工程技术研究中心”也不断向企业输送研发人才和研发成果，带动企业研发团队的成长与进步。

图 2　朗坤物联网邀请以色列专家召开以色列农业物联网应用实训会

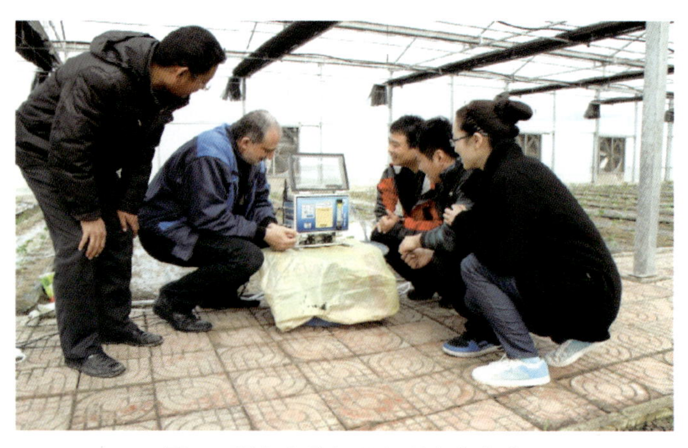

图 3　研发人员与以色列专家交流

重视合作，做好链接“产学研”的桥梁纽带

两年前公司成立初期，研发团队人数有限，研发经费紧张，政策支持力度不大，研发方向不够确定，导致前期的研发成果较少，且应用到市场上面的反映不佳。为了改变那种情况，公司领导成员与研发骨干认真调研了市场需求，到以色列的物联网有关公司进行沟通与学习，正确对公司定位，将市场需求放在第一位，与市场接轨，响应国家政策，坚持走研发与生产相结合，市场与科技创新相结合的道路，最终使企业的研发过程从坎坷走到顺利。

图 4　董事长徐珍玉与以色列 BF 农业科技公司总裁签订项目合作意向书

在充分调研市场需求与市场现状的基础上，朗坤物联网认识到，高校、科研院所有是科研人才集中的地方，是知识生产的源头，而企业占有更多的市场份额，产学研合作中各自发挥自己的优势，共同研发出的成果才会既有创新型，又可以适应市场的发展。于是，朗坤物联网同中国科学院、国家信息化标准委员会、国家传感网工程技术研究中心、无锡物联网产业研究院、安徽农业大学、安徽省农科院等都有很好的合作，一是联合多家高校、科研院所共建研发中心，通过“关键技术研发一标准制定一应用示范一产业

化”实现物联网技术在农业领域中的应用：联合安徽农业大学、中国科学院合肥物质科学研究院共建“农业部农业物联网技术集成与应用重点实验室”；与安徽大学、合肥工业大学、安徽省龙头企业共同成立“安徽农业物联网产业技术创新战略联盟”；与中国科学院合肥物质科学研究院合作共建“安徽省新农村物联网工程技术研究中心”。二是联合多家高校、科研院所承担多项国家、省级科技计划项目，如与中科院合肥物质科学研究院和安徽农业大学合作承担2012年度省科技攻关重大项目，项目名称，设施农业物联网关键技术集成示范；与中科院合肥物质科学研究院和安徽农业大学合作承担工信部、财政部2012物联网专项——大宗作物“五情”监测物联网技术及应用服务系统开发。

自主研发，打铁还靠自身硬

朗坤物联网在与各类优秀的科研院所合作的同时，还凭借自身强大的研发团队积极承担各类省部级项目，2年中承担各类项目十余项。

朗坤物联网承担的各类科技项目名录

序号	课题来源	项目名称	立项时间	当前状态
1	2010年省科技攻关	农业物联网共性关键技术研究与应用示范	2011年	已验收
2	2012年国家星火计划面上项目	农产品全程供应链云服务平台研发与应用示范	2012年	进行中
3	2012年国家工信部物联网专项	大宗作物“五情”监测物联网技术及应用服务系统开发	2012年	已验收
4	2012年国家商务部现代物流技术应用和共同配送综合试点城市项目	合肥市物流与共同配送公共管理服务平台	2012年	已验收
5	2012年安徽省自主创新专项资金项目	农资与农产品全程供应链第三方物流平台研发	2012年	进行中

（续）

序号	课题来源	项目名称	立项时间	当前状态
6	2012 年安徽省科技攻关	设施农业物联网关键技术集成示范	2012 年	进行中
7	安徽省 2012 年财政专项资金项目-软件项目	安徽省大宗农作物“四情”监测物联网信息服务平台	2012 年	进行中
8	合肥市重点科研项目	第三方物流信息服务平台中间件开发与应用	2012 年	已验收
9	2011 年合肥市政策兑现	大宗农作物“四情”监测物联网应用服务支撑平台	2012 年	已结题
10	安徽省农转资金项目	安徽农市通农产品电子商务平台	2013 年	进行中

承担项目期，在国内外期刊、国际会议发表论文近 20 多篇，SCI、EI 收录论文 8 篇，受让取得发明专利 3 项，自主研发申请发明专利 4 项，申请实用新型专利 21 项，申请外观设计专利 2 项，申请软件著作权登记 41 项。其中已授权一项发明专利进入实质审查阶段，获得实用新型专利 1 项，外观设计 2 项，软件著作权已登记 38 项。其中科技成果转化 13 项；取得省级高新技术产品 1 项：生产资料管理系统软件；软件登记产品 3 项：朗坤物联网生产资料管理系统业务员软件 V1.0、朗坤物联网小麦苗情监测与

图 5　经转化的成果：食品追溯查询终端一体机

分析软件 V1.0、朗坤物联网大棚农作物生长环境监测系统 PC 终端软件。

科技服务，惠益广大农户

朗坤物联网将物联网与云计算技术引入农业生产中，对于建立规模化、集约型农业生产经营管理方式，提高政府部门指挥决策力度，确保粮食安全、提高农业信息服务广度与深度等多方面具有重要意义。近两年，签订技术服务合同的企业有 50 余家，服务的农民达到 1 200 余户。在全国范围内建立多家示范基地，为企业和农民提供物联网技术服务。主要示范基地有：合肥市三十岗乡农超对接示范基地、芜湖大浦现代农业物联网示范园、吉林金塔辣椒生产物联网应用基地、浩翔生态农业园区、黄山古诗里茶叶物联网工程建设，安徽黄山松萝有机茶叶农业物联网示范工程，安徽佳诚农业食品安全追溯示范工程，三亚南鹿实业有限公司牛奶莲雾物联网溯源系统工程，安徽天禾种业苗情检测与远程专家会诊系统等。

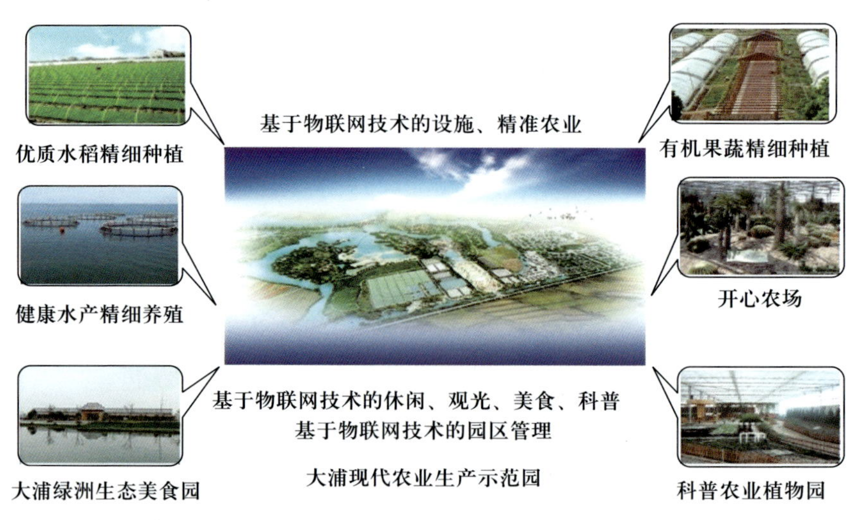

图 6　安徽省芜湖市大浦现代农业物联网示范园

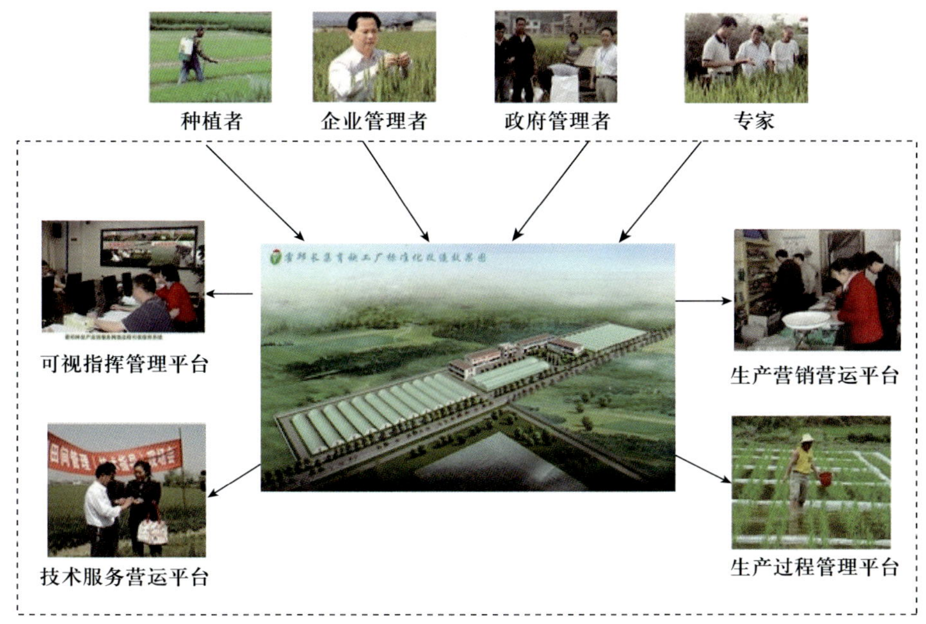

图 7　安徽天禾种业苗情检测与远程专家会诊系统

发展规划与愿景

首先，朗坤物联网将充分发挥在农业物联网研究领域的优势和特长，一如既往地沿着科技创新、不断开拓新产品的发展道路走下去，坚持自主开发、产学研合作并存的方针，制定并实施农业物联网产业化发展新战略，建立农业物联网产业发展自主创新的平台。

其次，通过人才发展战略，培养人才队伍，引进优秀科技管理人才，充分发挥以依托单位为核心的物联网企业在我国相关产业技术创新上的龙头作用，建立物联网产业人才聚集的高地。

最后，朗坤物联网要通过开展一系列创新活动，从标准化、创新能力、保障机制等方面完善运行及管理机制，加强与知名高校院所的合作，开发出更多适应市场要求的高科技产品，做到生产一代、储备一代、研制一代，形成一批具有自主产权和核心优势的产业化技术成果，为农业信息化服务，在全国范围内大面积建立物联网示范基地，为推动与提升我国现代农业发展、农民增收、农村繁荣做出具有历史意义的贡献。